KLAUSBERND VOLLMAR

Die Magie der Farben
erleben und anwenden

KLAUSBERND VOLLMAR

Die Magie der Farben

erleben und anwenden

KÖNIGSFURT-URANIA

Bibliographische Information der Deutschen Nationalbibliothek
Die Deutsche Nationalbibliothek verzeichnet diese Publikation in der Deutschen Nationalbibliographie;
detaillierte bibliographische Daten sind im Internet über http://dnb.d-nb.de abrufbar.

Originalausgabe

© 2010 by Königsfurt-Urania Verlag GmbH
D-24796 Krummwisch
www.koenigsfurt-urania.com

Umschlaggestaltung: Antje Betken, Oldenbüttel
unter Verwendung folgender Motive: Moni Obser, Farbstifte • Klausbernd Vollmar, Farbenkreis • August Macke, Dame in grüner Jacke • John Ruskin, Zippora • Vincent van Gogh, Die Sternennacht • Peter Paul Rubens, Merkur • Piero della Francesca, Madonna mit Kind und Heiligen sowie weiteren Illustrationen von Moni Obser und Klausbernd Vollmar
Illustrationen: Moni Obser, Klausbernd Vollmar
Bildnachweise: siehe Seite 134
Satz und Design: Antje Betken, Oldenbüttel
Redaktion: Dr. Jennifer Lorenzen-Peth, Kiel
Druck und Bindung: Finidr s.r.o.
Printed in EU

ISBN 978-3-86826-110-3

Inhalt

Vorwort 7

Von der verlorenen Unschuld des Auges 9

Anmerkungen zum Auge 14

Das aktive Sehen 15

Farbenkreise 20

Zum Ausmalen 26

Praktische Übungen 29

   Die verschiedenen Modelle der Farbenkreise 30

   Warme Farben 34

   Kalte Farben 37

   Die Polarität von Gelb und Blau 40

   Gegenfarben (Komplementarität) 45

   Anmerkungen zur Farbmischung 53

   Farbharmonien 59

   Rudolf Steiners Beitrag zur Farbenlehre 65

   Die Farbenperspektive 77

   Der rationale zwölfteilige Farbenkreis 81

   Farbenkreisinspirierte Modelle des Bauhauses 89

   Wassily Kandinsky (1866-1944) 90

   Paul Klee (1879–1940) 94

Beschluss 97

Lexikon 99

Produktbeschreibungen 133

Anmerkungen und Bildnachweise 134

Literatur 135

Die sechs bunten Farben im Überblick 136

Zum Autor / Seminarhinweis 144

Vorwort

Täglich sind wir mit Farbentscheidungen konfrontiert. Das fängt gleich morgens nach dem Aufstehen an, wenn wir unsere Garderobe auswählen. Noch deutlicher wird es, wenn wir unsere Wohnung neu streichen wollen, wenn wir Bettwäsche, einen Lippenstift oder ein neues Auto kaufen. Bei jeder Anschaffung stellt sich die Frage, ob die Farbe zu uns und unsere Umgebung passt. Um Ihnen diese Entscheidungen zu erleichtern, habe ich dieses Malbuch konzipiert. Es soll Ihnen helfen, sich sicher für oder gegen eine Farbe zu entscheiden und Farbkombinationen besser in ihrer Wirkung einschätzen zu können.

Habe ich in meinen Farbbüchern[1] die Sprache und Wirkung der Farben ausführlich mit Worten beschrieben, so wurde ich von meinen Lesern und bei Vorträgen darum gebeten, Übungen anzuführen, die eine Sicherheit im Farbgebrauch und bei der Farbwahl vermitteln. Der erste Teil dieses Buch ist solch ein Übungsbuch. Indem Sie mit Buntstiften in diesem Buch die Formen ausmalen, wird Ihre Erfahrung mit Farben systematisch erweitert. Farben sind ein sinnliches Phänomen und der Königsweg in die Welt der Sinne ist die Erfahrung. Also malen Sie munter drauf los. Erfahren Sie die Farben in Aktion.

Sie werden in diesem Farbenbuch einige Abbildungen finden. Die mit »Skizzenbuch« bezeichneten Grafiken stammen aus meinem Skizzenbuch, in dem ich dieses Buch entwarf. Die Illustratorin Moni Obser steuerte weitere Abbildungen bei, die oftmals als Anregung und Beispiel dienen. Außerdem finden Sie relativ bekannte Kunstwerke, die Ihnen den meisterhaften Einsatz von Farbe demonstrieren.

Fragen in Bezug auf die Farben werden dem interessierten Leser im zweiten Teil dieses Buches, dem Lexikonteil, beantwortet. Alle Begriffe des Malbuchs, die im Lexikonteil genauer erklärt werden, sind mit einem Verweiszeichen gekennzeichnet. Außerdem finden Sie dort weitere Ausführungen zu den einzelnen Farben und eine Tabelle der Farben im Anhang.

Ich wünschen Ihnen viel Freude mit den Farben.
Klausbernd Vollmar
Cley next the Sea/Norfolk November 2009

Caspar David Friedrich: Frau am Fenster (1822)
Alte Nationalgalerie, Berlin

Von der verlorenen Unschuld des Auges

Wenn ich den spontan gekauften grünen Pullover zu den anderen ins Regal lege und erschrocken feststelle, dass da bereits eine Reihe von grünen Pullovern liegt, bemerke ich wieder einmal, wie ich bestimmte Farben bevorzuge. Und wem ist es nicht so ergangen, dass er sich von irgendjemand hat überreden lassen, eine blaugrüne Hose zu kaufen, die er nie anzieht, weil er sich in ihr »unmöglich« fühlt?

Farben beeinflussen unser Wohlbefinden, und umgekehrt hängt unsere Farbwahl von unseren Launen und Befindlichkeiten ab. Wir leben heute mehr denn je in einer farbigen Umgebung. Die Verkehrsampel führt uns mit Farbsignalen, die Werbung verführt uns mit ihnen. Dies funktioniert nur, weil wir bestimmte Muster im Kopf haben, nach denen wir uns bewusst oder unbewusst richten. Weiße und rote Rosen geistern bis zum Überdruss durch die Schlagertexte. Aber wer kann sich der Magie entziehen, die ein Strauß roter Rosen ausübt?

Tatsächlich leben wir in einer bunten Welt und das nicht nur, weil wir neben dem Farbfernseher einen Scanner und einen Farbmonitor für unseren Computer stehen haben, der 144 000 Farbnuancen darstellen kann. Wie bunt unsere Welt wirklich ist, bemerken wir erst, wenn wir in ein Land reisen, in dem die chemische Industrie nicht solche Mengen von künstlichen Farbstoffen billig auf den Markt wirft wie bei uns. Ein Bummel durch eine polnische Kleinstadt beispielsweise, in der die intensivsten Farben die der Ringelblumen in den Vorgärten sind, zeigt schlagartig, welche künstliche Farbintensität uns täglich umgibt. Keiner wird behaupten, dass diese Überflutung mit Neon- und Leuchtfarben die Fähigkeit unserer Sinne fördert, Farben wahrzunehmen und zu differenzieren – oder vielleicht doch?

Wir nehmen heute Farben anders wahr als bis zur Mitte des 18. Jahrhunderts, als zum ersten Mal die vergleichsweise billigen chemischen Farben industriell produziert wurden.

Mir scheint es wichtig zu sein, sich in Ruhe mit den Farben auseinanderzusetzen. In Ruhe: Das bedeutet, dass wir nicht einfach Rezepte übernehmen oder uns von irgendeiner Farbtheorie überzeugen lassen. Die Ruhe ist nötig, damit jeder sein eigenes Verhältnis zur Welt der Farben finden kann und sich bewusst wird, was eine Farbe für ihn und vielleicht nur für ihn bedeutet.

»... *oder vielleicht doch?*«
Weil wir ständig mit Farben konfrontiert werden, sehen wir zwar gar nicht mehr richtig hin, aber wir lernen, meist unbewusst, neue Farbtöne kennen.

August Macke: Dame in grüner Jacke (1913)
Museum Ludwig, Sammlung Haubrich, Köln

■ Einen ersten Schritt in diese Richtung können Sie tun, wenn Sie jetzt notieren, welches Ihre bevorzugten Farben sind. Versetzen Sie sich in die Farben hinein: Wo spüren Sie Ruhe, wo Anregung?

Ist Ihnen aufgefallen, dass es d i e Lieblingsfarbe nicht gibt?

Es macht einen Unterschied, ob man diese Farbe bei seiner Kleidung, seinem Auto, in der Zimmereinrichtung oder als Wandfarbe benutzt.

Ein dunkles Blau und alle »finsteren« Farben bis hin zum Schwarz lassen das Auge in Ruhe.

Das Helle und Lichtvolle setzt es in Tätigkeit.

Das Auge reagiert auf den Rhythmus des Tages: Licht aktiviert am Tage, nachts beruhigt das Dunkel. Von diesem Grundgegensatz aus eröffnet sich ein weites Feld der Begriffspaare wie

Licht – Finsternis

Bewusstes – Unbewusstes

Männliches – Weibliches

Geist – Materie

Leben – Tod

Auf der einen Seite des Spektrums des Lichts finden wir den aktiven Pol, an dem das Auge bei den hellen Farben mit dem starken Abbau des lichtsensiblen Farbstoffs Rhodopsin (in etwa sieben Millionen Zäpfchen) reagiert. Auf der anderen Seite des Spektrums finden wir den passiven Pol der kalten Farben, an dem in den Zäpfchen des Auges wenig Rhodopsin abgebaut wird.

Das Auge, das eintreffende Farbimpulse lediglich registriert, ohne sie zu interpretieren, dieses »unschuldige« Auge gibt es nicht. Das Auge vermittelt nur scheinbar zwischen Innen und Außen, zwischen äußerer Welt und innerer Seele. Tatsächlich mischt sich der »Vermittler« Auge in den Prozess des Farbensehens ein, so dass am Ende die Farbe so objektiv wie eine Fata Morgana ist. Für die Wahrnehmungspsychologie ist das Auge selbst ein Handelnder, ein Interpret. Wir sehen, was unseren Konzepten entspricht.

Die Gestaltpsychologie konnte beispielsweise zeigen, dass unser Auge nicht wie eine Kamera wahrnimmt, sondern stets zuerst eine Ordnung sucht. Es wählt von der großen Zahl der optischen Impulse zuerst das Regelhafte und Symmetrische aus, eben das, wofür wir ein Konzept besitzen. Diese Konzepte sind in unserem Wahr-

Rhodopsin

auch Sehpurpur genannt, da dieser hoch lichtempfindliche Farbstoff im Dunkeln purpur aussieht.

In den Stäbchen und Zäpfchen der Netzhaut befindet sich das lichtempfindliche Rhodopsin, das bei Helligkeit stark zersetzt wird (in Retinal und Opsin) und sich bei Dunkelheit wieder aufbaut. Diese chemischen Werte werden ans Sehzentrum im Gehirn weitergeleitet, dort verarbeitet und als heller oder dunkler Eindruck vom Beobachter wahrgenommen.

Das Rhodopsin ist ein Riesenmolekül, das aus Retinal (ein Kohlenwasserstoff) und Opsin (ein Protein) besteht. Das Sehen von Farben wird durch verschiedene Opsine möglich. Stäbchen und Zäpfchen weisen ebenfalls unterschiedliche Opsine auf, deren Photorezeptoren einen elektrischen Impuls bewirken, der ans Sehzentrum im Gehirn weitergeleitet wird.

Die für die Farbwahrnehmung zuständigen Zäpfchen besitzen drei Opsine, die auf Blau, Grün und Rot reagieren.

John Ruskin: Kapellbrücke in Luzern (1857)

John Ruskin: Seascale (1889)

nehmungsapparat gespeichert. Sie sind durch Erfahrungen mit den Objekten unserer Wahrnehmung entstanden und stellen eine Art statistischer Durchschnittswert dar (z. B. das typische Schema für Personen, Häuser, Pflanzen etc.). Erst wenn das Konzept erkannt ist, werden Details und Abweichungen vom erwarteten Durchschnitt betrachtet.

Wir sehen also immer bewertend, da unser Wahrnehmungsapparat derart arbeiten muss, um die Fülle optischer Impulse im Dienste einer schnellen Wahrnehmung zu reduzieren. Anders ausgedrückt: Sie sehen stets das, was Sie erwarten.

Werfen wir jedoch das »unschuldige« Auge nicht ganz über Bord. Die Unschuld des Sehens hat den präraffelitischen Maler John Ruskin (1819–1900) ebenso fasziniert wie den Philosophen Henri Bergson (1859–1941) und die Dichter Paul Valery (1871–1945) und Marcel Proust (1871–1922). Unschuldig: So sieht das Auge bis zu dem Sündenfall, der in der Unterwerfung des Sehens unter die Begriffe und Kategorien besteht (von denen Sie viele im Lexikonteil dieses Buchs finden).

■ Versuchen Sie bei allen Übungen, die ich Ihnen vorschlagen werde, mit einem »unschuldigen« Auge auf die Farben zu blicken, also möglichst unmittelbar und unberührt von Erklärungen. Nur so öffnen sich die Augen und lassen die Reichtümer der Farben entstehen.
Die angemessene Übungshaltung ist also die der Hingabe. Malen Sie so, wie Sie es bei Kindern beobachten können, die in die Welt der Farben mit Eifer und Begeisterung versinken.

»Aber im Austausch gegen das, was unsere Einbildungskraft uns vergebens erwarten lässt und was wir umsonst so vergeblich zu entdecken bestrebt sind, schenkt das Leben uns etwas, was weit über unser Vorstellungsvermögen hinausgeht.«

Marcel Proust

John Ruskin: Zippora (1874 nach Botticelli)

Anmerkungen zum Auge

»Wär nicht das Auge sonnenhaft,
Die Sonne könnt es nie erblicken.«
Johann Wolfgang von Goethe

Regenbogenhaut/Iris
Hornhaut
Optische Achse
Sehachse
Pupille
Lederhaut
Netzhaut
Fovea
Sehnerv
Blinder Fleck

»Das Auge ist das letzte, höchste Resultat des Lichts auf den menschlichen Körper. Das Auge als ein Geschöpf des Lichtes leistet alles, was das Licht selbst leisten kann. Das Licht überliefert das Sichtbare dem Auge, das Auge überliefert's dem ganzen Menschen. Das Ohr ist stumm, der Mund ist taub; aber das Auge vernimmt und spricht. In ihm spiegelt sich von außen die Welt, von innen der Mensch. Die Totalität des Inneren und Äußeren wird durch das Auge vollendet.«

Goethe

Beim Sehvorgang trifft das Licht, das aus dem Auge des Beobachters ausstrahlt, auf das äußere Licht, das ihm vom beobachteten Gegenstand entgegenkommt. Das Auge nimmt also nicht nur passiv auf, es strahlt auch etwas aus. So dachte jedenfalls Platon (427–347 v. Chr.) und mit ihm die antiken und mittelalterlichen Mediziner. Längst überholt, werden Sie meinen: Wer glaubt heute noch, dass das menschliche Auge ein Licht aussendet?

■ Machen Sie bitte einen Versuch: Zünden Sie in einem dunklen Raum eine Kerze an. Setzen Sie sich bequem vor sie hin. Halten Sie die Augen halb geschlossen und schauen Sie in das Licht der Kerze. Nach einer Weile werden Sie bemerken, dass goldene und farbige Strahlen sowohl von der Kerze zu Ihren Augen als auch von Ihren Augen zu der Kerze ausgesandt werden. Sie werden nicht mehr festlegen können, ob das Licht von Ihren Augen zur Kerze oder von der Kerze zu Ihren Augen strahlt.

Zugegeben, was Sie bei diesem Versuch erlebt haben, war nur der Schein, eine optische Täuschung. Aber wenn Sie gesehen haben, wie Ihre Augen Lichtstrahlen aussenden, dann haben Sie bildlich erfahren, dass Ihr Auge beim Sehvorgang tatsächlich passiv und aktiv zugleich beteiligt ist.

Auch nach moderner naturwissenschaftlicher Auffassung ist Farbe nicht einfach etwas, das unabhängig vom Auge existiert. Das Auge reagiert nicht auf eine außerhalb von ihm befindliche Farbe wie ein Thermometer auf den Reiz »Wärme« reagiert. Die Farbe entsteht erst in unserem Auge und in unserem Gehirn.

Das entsprechende Experiment kennen Sie wahrscheinlich: Wenn Sie eine gelbe, grüne oder wie auch immer getönte Sonnenbrille tragen, verschwinden die anfänglichen Farbverschiebungen nach und nach.

Das aktive Sehen

Bei dem vorliegenden Buch handelt es sich um ein Text-, Mal- und Bilderbuch zugleich, denn wie könnte ein Buch über Farben nur aus weißem Papier und Druckerschwärze bestehen? Die Buchstaben, die sich aus der Druckerschwärze formen, sprechen in erster Linie den Verstand an. Die Farbenwelt aber, sagte Rudolf Steiner (1861–1925), kann man nicht allein mit dem Verstand erfassen, sondern die Empfindung muss ebenfalls beteiligt sein. Farben kann man besser verstehen, wenn man nicht nur über sie liest. Man muss sich Bilder anschauen und die Eigenart einer Farbe »ermalen«. Man sollte sich der sinnlichen Erfahrung öffnen, die durch die alltägliche Farbflut verschüttet ist.

Das direkte Erfahren von Wissen und psychologischen Einsichten wird umso wichtiger, je mehr wir von Erfahrungen aus zweiter und dritter Hand überhäuft werden. Ich möchte in diesem Buch abstrakte Überlegungen mit sinnlichen Erfahrungen verbinden. Beim Ausmalen der Abbildungen, bei den Meditationen und Visualisierungen können konkrete Erfahrungen gemacht werden. Damit kann jeder Benutzer dieses Buches die Überlegungen zu den Farben sinnlich nachvollziehen und ein lebendiges Verständnis erlangen.

Das Ausmalen der Abbildungen soll zu einem »aktiven Sehen« beitragen. Sicherlich werden einigen Kunstpädagogen bei solch einem »unkreativen« Handeln die Haare zu Berge stehen – aber mir hat das Ausmalen immer Spaß gemacht. Als Kind habe ich mit roten Backen stundenlang Malbücher ausgemalt. Mein Vater guckte mir ab und zu streng über die Schulter. Ich durfte nicht »patzen«, das heißt, nicht über den Rand hinaus malen. Als Schüler füllte ich zum Entsetzen meines Kunstlehrers und zur Erheiterung meiner Klassenkameraden begeistert vorgezeichnete Flächen mit rasendem Bleistift aus. Vielleicht hatte mein Kunstlehrer nicht ganz unrecht: Ich kann tatsächlich schlecht zeichnen.

Wenn ich etwas genau betrachte, fällt mir als Erstes seine Buntheit auf. So sind für mich einzelne Maler eng mit bestimmten Farben verbunden: Vincent

Piet Mondrian

malte von 1919 bis 1936 in seinem Pariser Atelier, dessen großes Fenster den Gare Montparnasse überblicken ließ. Man könnte fast meinen, dass Mondrian durch diesen Ausblick über die Gleise zu seinen klaren, abstrakten Bildern inspiriert wurde.

Moni Obser: Studie nach Piet Mondrian

Vincent van Gogh: 12 Sonnenblumen in einer Vase (1888)
Neue Pinakothek, München

van Gogh (1853–1890) zum Beispiel mit Gelb, während Piet Mondrian (1872–1944) für mich der Maler ist, der nie Grün benutzte und natürlich ist Yves Klein (1928–1962) mein »blauer Maler«.

Das Ausmalen macht mir heute noch Spaß. Inzwischen habe ich jedoch gelernt, dass dieses »anspruchslose« Malen mehr sein kann als nur ein Zeitvertreib. In meiner Arbeit als Psychotherapeut hat sich gezeigt, dass es oft hilfreich ist, meine Klienten malen zu lassen. Manche gehen dabei von Traumbildern aus, manche malen wild drauf los. Wenn wir über diese Bilder sprechen, stellt sich heraus, dass fast jeder, der ein Bild gemalt oder mit Farben gespielt hat, dies als beruhigend und klärend empfindet.

Wenn ich das Gemalte meiner Klienten vor mir habe, bekomme ich eine Ahnung, in welche Richtung die Therapie gehen könnte.

Der Bauhauslehrer Johannes Itten (1888–1967) bemerkte, dass die Ausstrahlung eines Menschen und die von ihm gemalten Farbklänge zusammengehören. Wenn wir beim Malen offen und frei sind, verwirklichen wir uns in der Farbe. Dies führt uns oft über unsere augenblickliche Stimmung hinaus: Malen und bewusstes Sehen können zum Hineinsehen in uns selber und zum Einsehen von Zusammenhängen führen. Dieser Prozess beginnt damit, dass wir erfahren, dass ein und dieselbe Farbe unzählige Lesarten gestattet.

Josef Albers (1888–1976), der ebenfalls am Bauhaus lehrte, knüpfte an das Erlernen eines differenzierten Sehens große Hoffnungen: »Wer besser sieht, schärfer unterscheidet, die Realität der Fakten erkennt und weiß, dass es nie nur eine einzige Lösung für visuelle Formulierungen gibt, der wird dann wohl auch seine Meinung über andere Formulierungen ändern; vor allem wird er sowohl genauer als auch toleranter werden.«[2]

Ich werde Sie im Übungsteil immer wieder auffordern, eine Lesepause einzulegen, zu Ihren Farbstiften zu greifen und auszuprobieren, was Sie bei bestimmten Farbqualitäten fühlen. Das Ausmalen vermittelt Ihnen mehr über Farben als kluge Abhandlungen. Viele Farbtheorien stammen wohl deshalb von Malern – von Philipp Otto Runge (Begründer der romantischen Malerei, 1777–1810), Eugène Delacroix (1798–1863), Vincent van Gogh, Paul Klee (1879–1940), Wassily Kandinsky (1866–1944) und Rudolf Steiner, um nur einige zu nennen – weil der Umgang mit Farben die beste Farbenlehre darstellt.

Yves Klein

war keineswegs »nur« ein Maler und der Vorläufer der Pop-Art, er war auch ein Träger des schwarzen Gurtes in Judo, einer Kampfsportart, die ihm, wie er einmal sagte, genauso wichtig wie das Malen sei.

Josef Albers

pflegte seine Farben nicht zu mischen. Er bevorzugte industriell gefertigte Farben, die er gleichmäßig und ungemischt auftrug. Auf der Rückseite seiner Bilder notierte er den Farbcode des Herstellers.

*»Ich versuche die Farbe zu indivi-
dualisieren, da ich glaube, dass es
eine lebende Welt jeder Farbe gibt
und ich diese ausdrücke.«*

Yves Klein

Im Übungsteil sollen die ästhetischen und emotionalen Qualitäten der Farben im Mittelpunkt stehen. Ausgangspunkt wird der praktische Umgang mit Farbstiften sein. Wenn ich mit wenig Kontrolle des Bewusstseins mit Farben spiele, drückt sich mein Unbewusstes unmittelbar aus. Selbst ohne ein Verstehen, warum Sie so und nicht anders malen, hilft Ihnen dieser Umgang mit Farben weiter.

Die Farbtheorien sollten Sie beim Malen und beim Betrachten von Bildern in den Hintergrund treten lassen. Natürlich haben Sie ganz bestimmte Vorstellungen von den Wirkungs- und Bedeutungsbereichen der einzelnen Farben, aber wirklich wahrnehmen, *schauen,* können Sie ein Bild nur, wenn Sie sich ihm ohne Theorie nähern. Der Vorgang des Farbensehens ist paradox: Ich erlebe Farbe erst wirklich, wenn ich »naiv« schaue. Aber ich sehe zugleich genauer, wenn ich die Sprache der Farben verstehe, wenn ich ihre Logik erfasse. Das heißt, ich sehe mehr, wenn ich mehr weiß und zugleich weniger.

Yves Klein: *Blaues Schwammrelief*
(1958)
Museum Ludwig, Köln

Intuitiver Farbgebrauch widerspricht keineswegs dem logischen. Farbenlehre und Farbentheorien sind kein Ballast, der bestenfalls historisch interessant ist. Johann Wolfgang von Goethe (1749–1832), die Bauhauslehrer und Rudolf Steiner haben gleichzeitig als Maler und Theoretiker gearbeitet. Gerade Rudolf Steiners Farbenlehre zeigt deutlich, wie sich die Erfahrungen als einfühlender Maler und als verstehender Farbtheoretiker harmonisch ergänzen. So prägt die Einfühlung in die Welt der Farben alle Farbtheorien, die Ihnen im Übungsteil dieses Buchs begegnen werden. Es gibt auch andere, hoch abstrakte mathematische Farbtheorien, womit ich Sie aber verschonen möchte.

Die abstrakt wissenschaftliche Sicht der Farbe finden Sie in den Eintragungen des Lexikonteils.

Eugène Delacroix, Frauen von Algier im Gemach (1834)
Musée du Louvre, Paris

Farbenkreise

Denken wir »Farbe«, beginnt alles mit Sir Isaac Newton. Bis Newton wurde Licht und somit Farbe idealisiert und vergöttlicht. Ab Newton wurden Licht und Farben analysiert. Diesen »Sündenfall« nahm ihm Goethe noch hundert Jahre später übel.

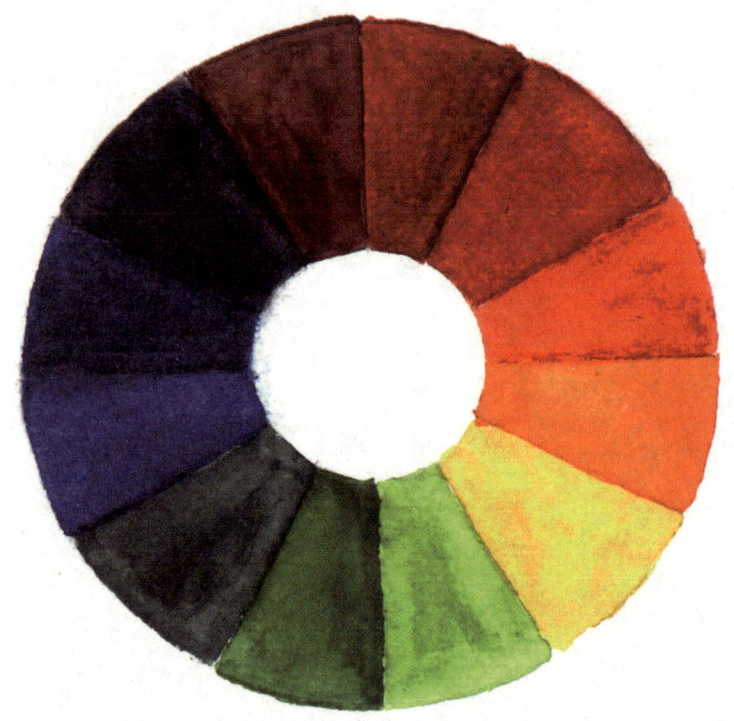

Newton war es als Alchemist gewohnt, in Farbe zu denken. Stellen Sie sich den Alchemisten vor seiner Glasphiole vor, wie er die sichtbaren chemischen Vorgänge mit Farben bezeichnet. Er sieht die Nigredo (Schwärzung), die Albedo (Weißung) und die Citrinas (Grünung / Gelbung) und die Rubedo (Rötung).

In der Symbolsprache der Alchemie spielte die Farbe eine hervorragende Rolle. Der Farbcode besaß nicht zuletzt den Vorteil einer Geheimsprache, die jedoch derart ins Geheimnisvolle versinken sollte, dass fast keiner sie verstand.

Es war aber auch Newton, der die Alchemie verließ und die Grundlage zur modernen Naturwissenschaft schuf. Goethe dagegen kann als der letzte Alchemist angesehen werden, der der Naturschwärmerei der Romantiker näher als der quantifizierenden Physik stand. Goethe ging es um das Erleben der Naturphänomene, Newton um deren Messung.

»Der Newtonische Irrtum steht so nett im Konversations-Lexikon, dass man die Oktavseite nur auswendig lernen darf, um die Farbe fürs ganze Leben los zu sein.«

Goethe

Newton war also beides: moderner Wissenschaftler und mystischer Alchemist. So lag es nahe, sich der Farbe zuzuwenden, die er allerdings jenseits ihrer symbolischen Belastung durch die Alchemie maß. Newton sah, wie Licht durch sein Prisma fiel. Er wunderte sich, dass ein Spektrum sichtbar wurde. Solch ein Phänomen bedurfte der Erklärung. In seiner hochgelobten Schrift »Opticks« (1704) erklärt er, wie Licht entsprechend seiner Wellenlänge unterschiedlich gebrochen wird. Das ist das, was wir im Regenbogen sehen.

Angefangen mit Leonardo da Vinci (1452–1519), über Isaac Newton (1642–1727), Goethe (1749–1832), Albert Henry Munsell (1858–1918) bis hin zu Wilhelm Oswald (1853–1932) und Johannes Itten (1888–1967) gab es viele Versuche, die Farben zu ordnen. Die meisten gingen vom Kreis als Ordnungsschema aus.

Moni Obser: Farbenkreis nach Goethe

Nicht ganz hundert Jahre nach Newtons Idee, die bunten Farben im Kreis zu ordnen, übernimmt Goethe von seinem »Feind« stillschweigend diese Ordnung der Farben. Damit der Kreis sich schließt und alle Farben von einander den gleichen Abstand haben, führte Newton eine Farbe, die er Indigo nannte, in den Farbenkreis ein. So kam es zu einer harmonischen Ordnung, an der wesentliche Gesetze der Farbenlehre ablesbar sind.

- Zusammenhänge zwischen Primär- und Sekundärfarben (wobei es keine Rolle spielt, ob der Farbenkreis durch additive oder subtraktive Mischung zustande kommt. Der Winkel der Grundfarben zueinander beträgt sowohl bei den Oberflächenfarben (CMY) als auch bei den Lichtfarben (RGB) 60 Grad. Newton selber bevorzugte die additive Mischung, was er damit ausdrückte, dass die Mitte seines Farbenkreises als Summe aller Lichtfarben weiß leuchtete.
Goethe dagegen: »Diejenigen, die das einzige grundklare Licht aus farbigen Lichtern zusammensetzen, sind die eigentlichen Obskuranten«. (aus: »Sprüche zur Farbenlehre«, a.a.O., S. 264).
- Das Gesetz der Komplementärfarben
- Farbharmonien, die allerdings erst Goethe betrachtete

Nachdem Newton durch sein Prisma geschaut hatte, zählte er sieben Farben, in die das Sonnenlicht gebrochen wurde. Natürlich hätte er auch acht oder mehr Farben unterscheiden können. Aber als Alchemist war er gewohnt in Oktaven, also musikalisch zu denken. Da sieben traditionell eine Ganzheit ausdrückt, sah Newton sieben

»Die Irrtümer meiner Gegner sind seit einem Jahrhundert zu allgemein verbreitet, als dass ich auf meinem einsamen Wege hoffen könnte noch diesen oder jenen Gefährten zu finden. Ich werde allein bleiben! Ich komme mir oft vor wie ein Mann in einem Schiffbruch, der ein Brett ergreift, das nur einen einzigen zu tragen im Stande ist. Dieser eine rettet sich, während alle übrigen jämmerlich ersaufen.«

Goethe
über seine Farbenlehre
zu Johann Peter Eckermann, 1830

Farben. Ferner bemerkte er, wie die sieben Farben bruchlos ineinander übergehen. So lag es für ihn nahe, die Ganzheit der sieben Farben in einem Ganzheitssymbol, nämlich den Kreis zu ordnen. Er verknüpfte das violette Ende mit dem roten Anfang und führte dazu die Farbe Indigo als siebte Farbe ein.

Goethe ersetzte Newtons Indigo durch Purpur – das reine Rot, das wir heute Magenta nennen, und das bei der Lichtbrechung im Prisma nicht erscheint. Die Farbskala schließt sich im subjektiven Empfinden durch die Purpurtöne harmonisch zu einem Kreis, aber dennoch wird der Farbenkreis sechsteilig gestaltet, da Purpur wie Indigo keine prismatische Farbe ist.

Obwohl er Newton furios angreift und ihm vorwirft, dass er das Licht vergewaltige, übernimmt Goethe dessen Idee des Farbenkreises. Solch ein Verhalten war man bei dem großbürgerlichen Herrn Geheimrat nicht gewohnt. Er schrieb Pamphlete und Gedichte gegen den »Newtonschen Irrtum«, was bereits seine Zeitgenossen in Unverständnis ihre Köpfe schütteln ließ. Goethe war zutiefst in seiner Ansicht über die Farben und speziell des Lichts getroffen worden.

Die Farbenlehre war das Werk Goethes, auf welches er besonders stolz war. Alle seine Werke könne man vergessen, sagt er zu seinem Sekretär Eckermann kurz vor seinem Tod, außer der Farbenlehre. Die Farbenlehre war Goethes »Heilige Schrift«. Der Germanist Albrecht Schöne spricht realistisch von Goethes »Farbentheologie«. Alles gründet sich bei Goethe auf das Licht, das als Gottersatz eine Einheit bildet. Diese göttliche Einheit spaltet Newton auf – ein Sakrileg für Goethe.

Im Eifer übersieht der Dichter, dass sein Licht ein anderes ist als jenes, das der englische Sir aufspaltete. Goethe denkt wie der Mensch der Antike. Er meint die Idee des Lichts im Sinne Platons, Licht als Ur-Einheit. Newton ist wesentlich moderner, denn er will sinnliche Erscheinungen durch ihre genaue Beobachtung beschreiben. Newton spricht als pragmatischer Engländer vom Sonnenlicht, das auf der Erde ankommt, und nicht von der philosophischen Idee des Lichts. Goethe schaute nach oben in den Himmel, um sein Licht zu finden, Newton schaute hinab aufs Geld, wenn er als Direktor der Börse sein Wissen über Farben zur Verfolgung von Falschmünzern erfolgreich einsetzte.

Goethe ist erwacht und lässt Gedanken Revue passieren…

»Aber das Narrenvolk glaubt, man könne groß sein, wenn man den ›Divan‹ macht, und bei der ›Farbenlehre‹, da wär mans nicht mehr …«
aus: Thomas Mann
»Lotte in Weimar«

Sir Isaac Newton

war nicht nur ein erfolgreicher Wissenschaftler, sondern machte auch eine beachtliche Karriere an der Bank of England, zu deren Direktoren er gehörte. Durch sein Studium der Farben angeregt, wandte er sich als pragmatischer Engländer zunächst mehr als Hobby, dann als Beruf dem Auffinden von Falschgeld zu. Newton wurde der Spezialist für Falschgeld, das er an kleinsten Farbabweichungen zum gültigen Geld sofort erkannte. Am Ende seines Lebens war er der Schrecken aller Falschmünzer. Dass Goethe etwa hundert Jahre später Newton vorwarf, dessen Art der Farbstudien würde in den Mystizismus führen, scheint mir nicht berechtigt zu sein, da Sir Isaac sowohl der Schrecken der Unterwelt als auch versponnener Alchemist war.

Trotz dieser Unterschiede zu Newton erkennt Goethe, dass der Kreis die beste Möglichkeit darstellt, die Gesetze der bunten Farben zu verdeutlichen.

Für die genauere Farbbetrachtung wurde aus dem zweidimensionalen Farbenkreis die dreidimensionale Farbenkugel, die der Maler Philipp Otto Runge im gleichen Jahr veröffentlichte wie Goethe seine Farbenlehre.

Goethes berühmtester Farbenkreis stammt von 1809, als er für seine Farbenlehre über den allegorischen, symbolischen und mystischen Gebrauch der Farbe schrieb. In diesem Kapitel vermenschlicht Goethe die Farben. Wenn Newton die Farben mathematisierte – also zu einer quantitativen Betrachtung der Farben anregte – regte Goethe zu einer qualitativen Betrachtung der Farbe an.

Philipp Otto Runge

der viel krank war, lernte von seiner Mutter Scherenschnitte anzufertigen, um sich zu unterhalten. Das war eine Kunst, die ihn sein Leben lang beschäftigte.

Seinen späteren Freund Goethe traf er eher zufällig bei einer Reise nach Weimar.

Im Farbenkreis Goethes werden den Farben folgende Eigenschaften zugesprochen:

ROT   – schön
Gelbrot – edel
GELB   – gut
GRÜN   – nützlich
BLAU   – gemein
Blaurot – unnötig

Des Weiteren fasst er die Farben des Kreises zusammen:

ROT und Gelbrot – Vernunft
GELB und GRÜN – Verstand
GRÜN und BLAU – Sinnlichkeit
Blaurot und ROT – Fantasie

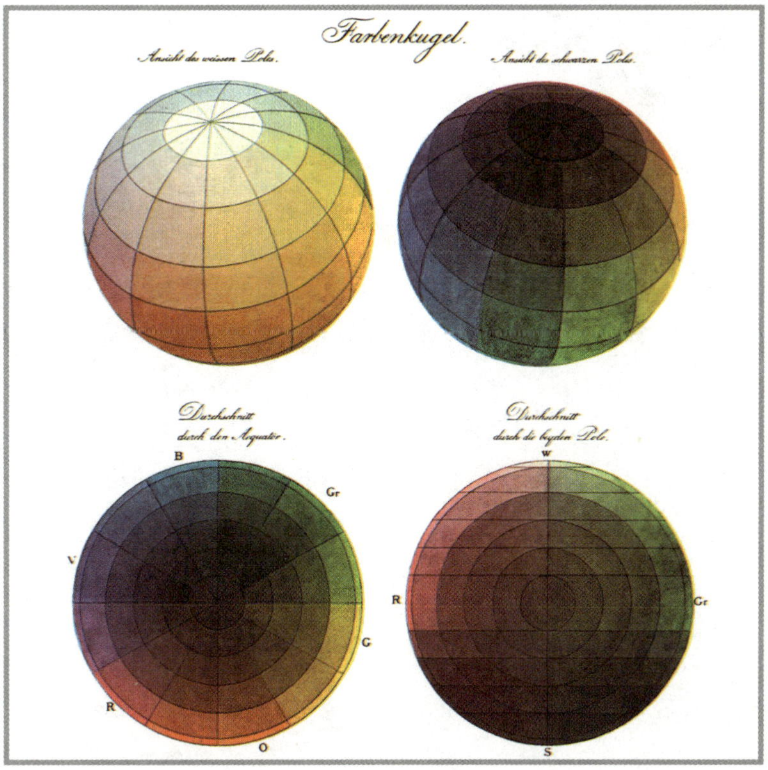

Philipp Otto Runge: Die Farbenkugel (1810)

Der junge Newton, der Cambridge wegen der Cholera flieht, findet in der Stille des Landes bei seinen Studien zur Optik die Form, welche die Ordnung der Farben bis heute anschaulich und harmonisch zugleich darstellt.

Erst die komplexen mathematischen Farbsysteme wie die von Harald Küppers weichen davon ab. Aber damit sind wir schon im zwanzigsten Jahrhunderts angelangt, das Farbe weniger sinnlich und ästhetisch als logisch betrachtete, um den Designern und Druckern genormte Anweisungen zur Farbmischung zu geben. Küppers bevorzugte zur zweidimensionalen Darstellung der Farben nicht mehr den Kreis, sondern das regelmäßige Sechseck, da es sechs bunte Farben gibt. Aber dieses Sechseck der Farben konnte den Farbenkreis nicht verdrängen, da er unseren Schönheitssinn befriedigt und eine in sich geschlossene Ganzheit ausdrückt.

Der sechsteilige Farbenkreis ist ein idealisiertes Modell, das noch heute Künstler, Designer und Architekten benutzen, um sich über die Beziehungen, Übergänge, Kontraste und Mischverhältnisse der Farben klar zu werden.

Was ich über den Farbenkreis schrieb, gilt letztlich nur für einen gemalten Farbenkreis. Am Computer ist solch ein Farbenkreis schwer bis gar nicht herstellbar. Das liegt daran, dass Farben aus der Tube oder den Näpfchen weitaus bunter und farbintensiver sind als jene auf dem Bildschirm, was durch eine Kalibrierung des Bildschirms nicht grundsätzlich geändert werden kann.

Sie werden im Übungsteil einige Farbenkreise ausmalen.

Aus der Vielfalt der Farben entsteht das Bedürfnis, eine Ordnung zu entwickeln, die dem Gefühl entsprechend Farbqualitäten und Farbverwandtschaften angemessen berücksichtigt. Im Regenbogen gehen die Farben ineinander über, sie entwickeln sich zyklisch. Was liegt näher als einen Kreis zu entwickeln, der den Organismus der Farben widerspiegelt?

Mich haben diese Farbenkreise angezogen, in denen man feine Farbübergänge mit malerischen Geschick gestaltet. Gemalte Farbenkreise sind so individuell wie die Linien in der Hand oder ein Traum.

Führen Sie die Farbenkreis-Übungen in diesem Buch mehrfach durch: Sie werden sehen, wie sich Eindruck und Ausdruck Ihres Farbenkreises mit Ihren Stimmungen und Entwicklungen ändern. Ein Farbenkreis kann mehr über eine Person aussagen als ein Gespräch. Wenn man Farbenkreise malt, kann man deutlich sehen, bei welchen Farben einem die Übergänge nicht fließend gelingen wollen. Falls Sie es wollen, können Sie diese Problemstellen auch psychologisch deuten. Mir fallen oft die Übergänge von Gelb zum Grünbereich schwer. Grün als Farbe des harmonischen Ausgleichs der Gegensätze Geist (Gelb) und Gefühl (Blau) zeigt mir eine Unausgeglichenheit in diesem Bereich an.

Moni Obser: Farb-Sechseck nach Küppers

»Das Sehorgan arbeitet wie ein Computer-System. Das Auge ist dabei die Eingabe-Einheit, das Gehirn das Rechenwerk. Die Farbempfindung ist das Ausgabe-Produkt.«
Harald Küppers

Philipp Otto Runge: Der Kleine Morgen (1808)
Kunsthalle, Hamburg

Zum Ausmalen

Wenn Sie im Übungsteil malen, wird dieses Buch zu Ihrem individuellen Buch, in dem Sie schnell etwas nachschlagen können und dabei immer etwas von sich wiederfinden. Die toten Buchstaben werden umso lebendiger, je mehr Sie das Buch zu Ihrem bunten Buch machen.

Am besten malen Sie mit Buntstiften. Weiche Farbstifte sind geeigneter als harte (Stärke HB bis 2B ist zu empfehlen). Malen Sie relativ leicht, drücken Sie nicht zu sehr auf. Mischen Sie, indem Sie verschiedene Schichten übereinander legen oder in den verschiedenen Farben abwechselnd schraffieren. Gute Mischergebnisse erzielen Sie, wenn Sie die aufgetragene Farbe mit dem Finger verwischen. Für dieses Verwischen kann man spezielle Stifte kaufen, so bleiben die Finger sauber und es gelangt kein Fett auf das Papier.

Achten Sie bei der Auswahl Ihrer Farbstifte auf deren Qualität. Billigprodukte neigen dazu, abzubrechen. Zedernholz hat sich bei Farbstiften bewährt. Es lässt sich leicht und gut spitzen. Ich habe dieses Buch mit Supracolor Farbstiften von Caran d`Ache entworfen. Im Anhang finden Sie weitere Empfehlungen für gutes Handwerkszeug.
Da das Papier dieses Buches für Aquarell- und andere Wasserfarben nur bedingt geeignet ist, malen Sie im Buch nur mit Buntstiften.

Eine schöne Übung besteht darin, alle Malaufgaben erst im Buch mit Farbstiften auszuführen, die Abbildungen dann auf Aquarellpapier zu übertragen und die gleichen Übungen in der (Nass-)Aquarelltechnik zu wiederholen. Alle Abbildungen eignen sich auch für Aquarelltechniken.
Fertigen Sie sich Kopien von den Abbildungen an: So können Sie frei und unabhängig mit den Abbildungen experimentieren, solange Sie Lust haben.

■ Setzen Sie beim Ausmalen bewusst den gesamten Körper ein.

Der Schriftsteller und Maler Lothar-Günther Buchheim (1918–2007) beschreibt in seinem Buch »Die Tropen von Feldafing«, wie er seinen Körper beim Malen beteiligt:

»Zum Malen brauche ich den ganzen Körper, nicht nur Auge und Hand. Ich lasse die Kniegelenke arbeiten, mache federnde Rückwärtsschritte, um mehr Abstand zu gewinnen, stelle mich auf die Zehen, beuge mich hinunter, weiche wieder zurück [...]. Den Handballen lege ich nicht auf, allenfalls, wenn es um die feineren Strukturen geht, die Kuppe des abgespreizten kleinen Fingers.«[3]

Nun können Sie die relativ kleinen Abbildungen nicht so ausmalen wie ein Maler, der vor einer großen Leinwand steht. Aber je mehr Sie mit Ihrem Körper arbeiten, desto besser spiegelt das Ergebnis Ihr Inneres. Achten Sie auf Ihren Atem: Wo halten Sie die Luft an, wo atmen Sie gepresst?

Die Farben fließen am besten, wenn der Atem und der ganze Körper frei fließen können.

Die Theorie zu dem, was Sie im ersten Teil dieses Buchs ausprobieren, finden Sie im Lexikon im zweiten Teil dieses Farbenbuchs.

Nach all diesen Überlegungen stürzen wir uns kopfüber in die praktische Welt der Farben und des Malens.
Viel Spaß dabei.

Tipp

Von den Farbstiftreihen brauchen Sie nur einen Farbstift für ein reines Rot, Blau und Gelb zu kaufen. Für die Übungen zu den Tertiärfarben benötigen Sie noch ein mittleres Grün, Violett und Orange. Dann noch Schwarz für kalte Farben und Weiß für Rosatöne. Das heißt, Sie benötigen nicht mehr als acht Farbstifte.
Weitere Tipps finden Sie auch auf Seite 143.
Wenn Sie bereits Farbstifte besitzen, hilft es, auf einem separaten Stück Papier mit den verschiedenen Farben zu kritzeln, um herauszufinden, mit welchem Rot, Blau, Gelb, Grün, Orange und Violett Sie am besten malen und mischen können.

Moni Obser: Farbstifte

Praktische Übungen

Die verschiedenen Modelle der Farbenkreise

»Was ist das Schwerste von allem?
Was dir das Leichteste dünket;
Mit den Augen zu seh'n
Was vor den Augen dir liegt.«

Goethe

Der sechsteilige Farbenkreis Goethes

Goethe benutzte mehrere Farbenkreise, sowohl einen sechsteiligen als auch einen zwölfteiligen. Der zwölfteilige Farbenkreis weist jedoch qualitativ nichts Neues gegenüber dem sechsteiligen auf.

Um die Gesetze der Farbenlehre sinnlich erfahrbar zu machen, benutzte Goethe fast immer seinen sechsteiligen Farbenkreis.

▬ Wir beginnen mit dem Ausmalen dieses sechsteiligen Farbenkreises nach Goethe. Die Farben werden wie in der Abbildung beschriftet angeordnet. Versuchen Sie, die drei Sekundärfarben mit den drei Grundfarben zu ermischen.

▬ _Übung 1:_
Der sechsteilige Farbenkreis
nach Goethe

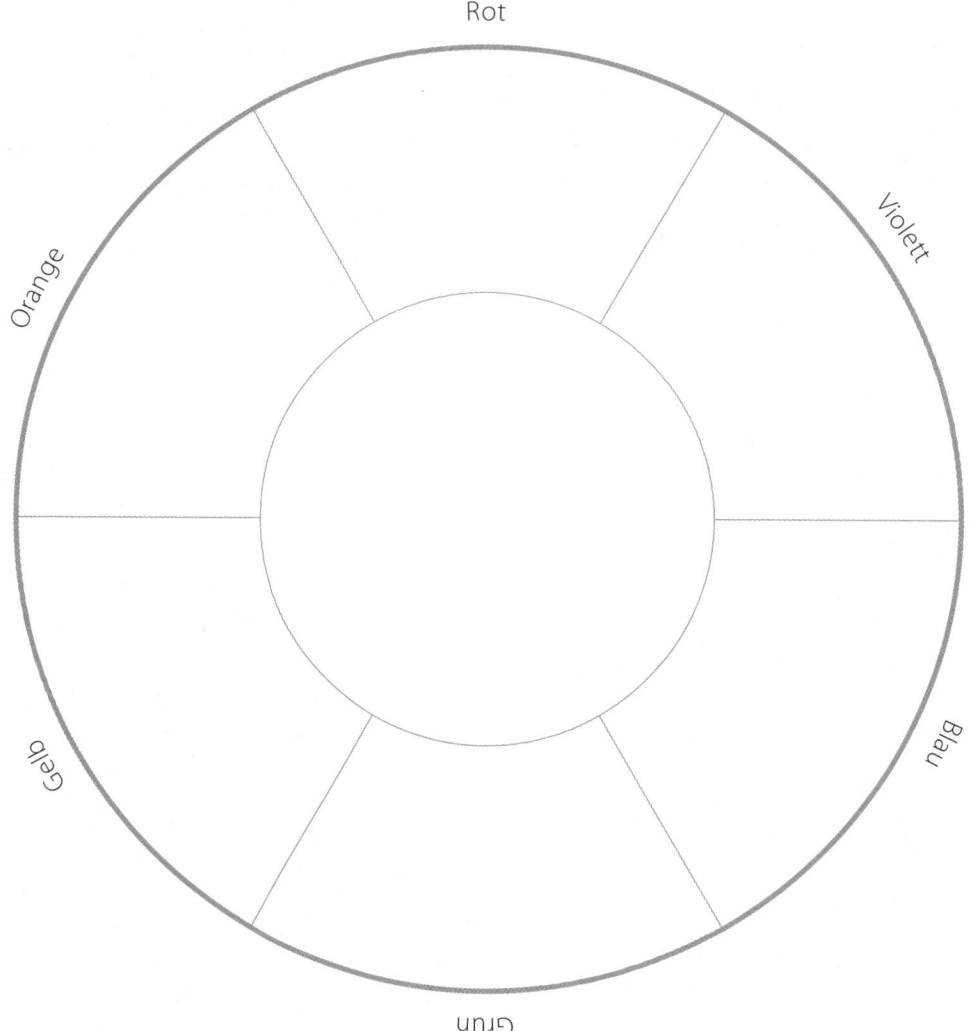

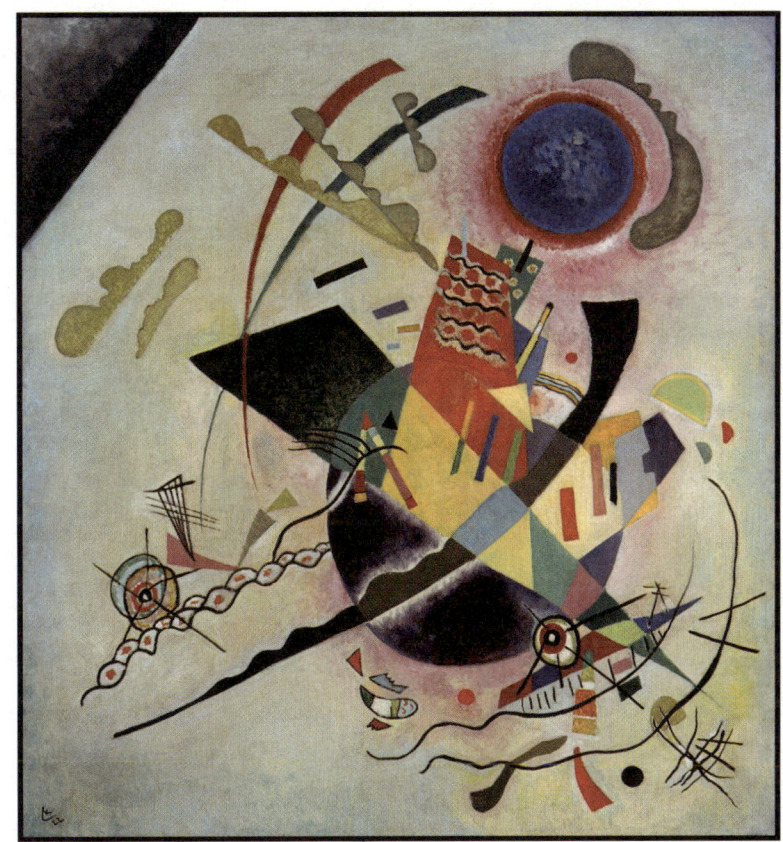

Wassily Kandinsky: Blauer Kreis (1922)
Solomon R. Guggenheim Museum,
New York

■ Malen Sie diesen Farbenkreis wie angegeben aus. In diesem Farbenkreis sind alle Farben deutlich voneinander abgegrenzt. Es gibt keine fließenden Übergänge zwischen den Farben.

■ Nach dem Ausmalen fühlen Sie sich bitte in den Rhythmus der Farben ein.

Bei fast allen der hier auszumalenden Abbildungen werden die Farben in geometrische Grundformen gesetzt. Dies entspricht der Ansicht des französischen Malers Robert Delaunay (1885–1941), der von der »peinture pure« fordert, die Farbe in geometrische Grundformen zu setzen, deren wichtigste Funktion es ist, die Farbe zu begrenzen.

Solche geometrischen Formen – wie in unserem Falle der Kreis, der Kreissektor, das Quadrat und das Rechteck – zeigen nichts außer sich selbst. Sie sind weitgehend assoziationsneutral. Sie geben eine gegenstandslose Welt wieder, in der die Farbe vom Ballast des Gegenständlichen befreit wurde.

Im Bauhaus wurde gelehrt, dass bestimmte geometrische Formen den Charakter einzelner Farben besonders gut hervorheben. Man kam zu folgender idealen Zuordnung von Farben und Formen:

Gelb – Dreieck
Blau – Kreis
Rot – Quadrat

Diese Zuordnung können Sie in Kandinskys abstrakten Bildern bewundern.

Farben in geometrische Grundformen …

… wahrscheinlich stammt diese Ansicht von Beginn seiner Malerkarriere, die Delaunay, bevor er mit der Gruppe »Blaue Reiter« zusammentraf, als Bühnen- und Dekorationsmaler begann.

Moni Obser: Farben in geometrischer Form

■ Malen Sie in den Kreis unten den gleichen Farbenkreis wie in Übung 1 hinein, allerdings kolorieren Sie ihn derart, dass die einzelnen Farben möglichst unmerklich ineinander übergehen.

■ Nehmen Sie sich Zeit für diese Übung. Führen Sie sie wie eine Meditation durch und achten Sie dabei auf Ihre Gefühle. Entdecken Sie sich in der Farbe.

■ *Übung 2:*
Sechsteiliger Farbenkreis
mit Farbübergängen

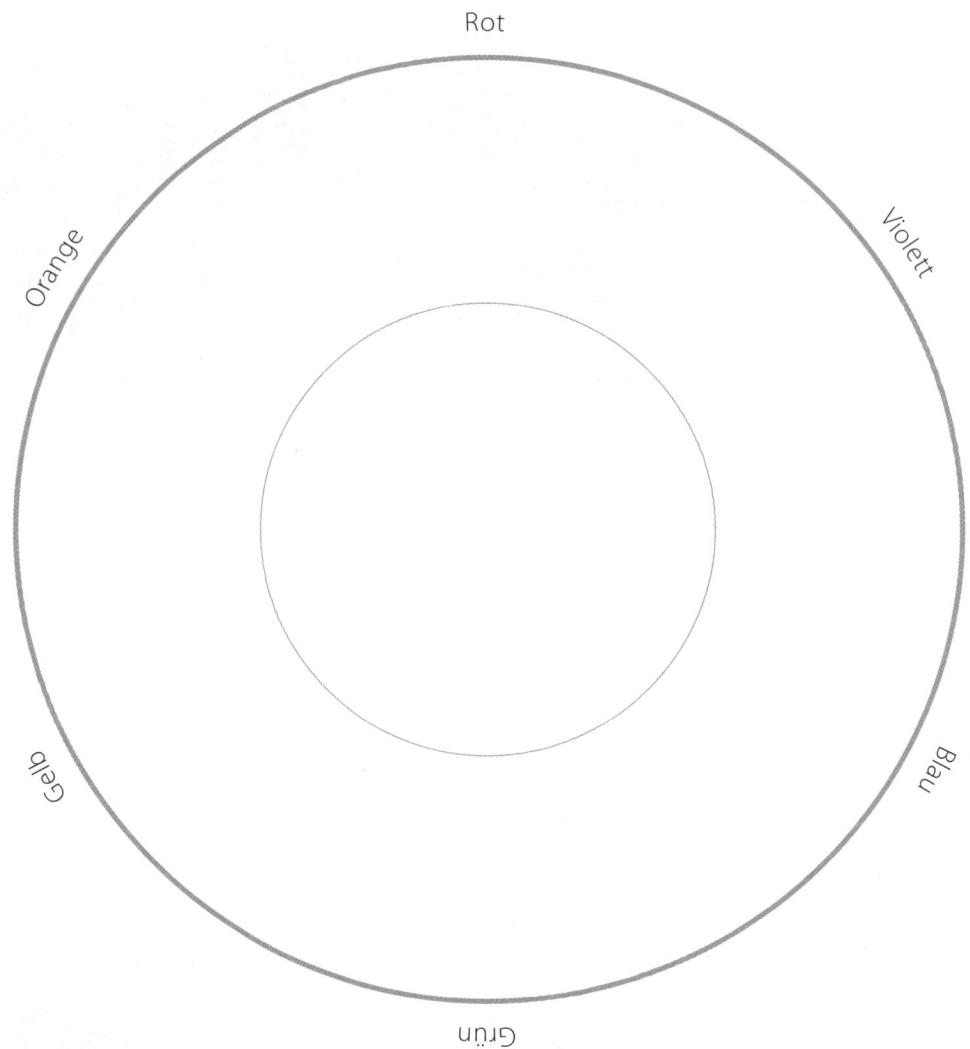

■ Sie werden bemerken, dass Ihnen einige Farbübergänge besser gelingen als andere. Einige fließen mehr, andere sind bruchhafter. Wenn Sie diese Problem-Übergänge oder Brüche betrachten, was fällt Ihnen dazu ein?

Was sagen Ihnen die Widerstände bei den verschiedenen Farbnuancen?

■ Sie können versuchen, mit diesen problematischen Farbübergängen ins Gespräch zu kommen. Reden Sie einfach die beiden beteiligten Farben oder den sprunghaften Farbübergang an. Fragen Sie ihn, was er Ihnen sagen möchte, was er in seinem Widerstand ausdrückt. Sie werden sich wundern, dass in Ihrem Inneren eine sinnvolle Antwort entsteht.

■ Nehmen Sie den Farbenkreis, den Sie eben ausgemalt haben, als Meditationsvorlage. Lassen Sie sich auf ihn ein. Betrachten Sie ihn entspannten Auges.

Wirkt der Farbenkreis ausgeglichen?

Gibt es Schwerpunkte?

Selbst ein exakt gemalter Farbenkreis weist einen Schwerpunkt im Gelbspektrum auf, da das Auge im Bereich dieser Farbhelligkeit sehr empfindlich ist. Im Blaubereich ist die Wahrnehmung von Farbabstufungen oft mangelhaft.

■ In Ihnen werden viele solcher Fragen aufsteigen. Versuchen Sie diese spontan zu beantworten. Verbinden Sie Ihre Psyche und die Phänomene des Farbenkreises miteinander.

Dies war der erste Schritt, den Umgang mit der Farbe zu üben und zu lernen, seinen Augen und Gefühlen zu trauen.

Mit diesen sechs Farben des Farbenkreises haben Sie alle bunten Farben kennen gelernt. Die anderen bunten Farben stellen nur Nuancen im Farbton und in der Sättigung dieser Farben dar. Dass es einzig sechs bunte Farben gibt, fiel bereits 1730 dem französischen Kupferstecher J.C. Le Blon auf, wurde aber erst durch die Farbenlehre Goethes weiter verbreitet.

Der Kosmos der bunten Farben …

… besteht aus den drei Primärfarben

　Gelb

　Blau

　Rot

und deren Komplementärfarben

　Violett

　Orange

　Grün

Primärfarbe und Komplementärfarbe liegen sich im Farbenkreis gegenüber.

Warme Farben

■ Übung 3:
   Die linke Seite (Gelb-Rot)
   des Farbenkreises

Die linke Seite (Gelb-Rot) des Farbenkreises

■ Zunächst eine Übung: Malen Sie in das Band unten die Farbübergänge vom hellen Gelb über reines Rot bis zum Schwarz. Gestalten Sie die Übergänge möglichst fließend.

Hell   Dunkel

Gelb   ➤   Orange   ➤   Rot   ➤   Schwarz

■ Geht hier wirklich die Farbe des Lichts in die der Finsternis über? Schauen Sie abermals, welche Übergänge Ihnen besonders schwer gefallen sind.

■ Betrachten Sie diese disharmonischen Übergänge genauso wie jene bei Ihrer Farbenkreisübung. Sie können sich mit den Farben unterhalten, indem Sie so lange versuchen, die Farben im rechten Maß zu mischen, bis ihr Auge den Farbübergang als harmonisch wahrnimmt.

Skizzenbuch: Die linke Seite des Farbenkreises –
von Gelb über Orange und Rot zu Schwarz

Goethe ging fast immer von der konkreten Naturbeobachtung aus, in der er stets nach der Polarität suchte. In diesem Sinn folgte er wie Newton nicht mehr den Theorien der alten Autoritäten, sondern vertraute auf seine konkreten sinnlichen Erfahrungen. Das entsprach dem Zeitgeist, der mit der Aufklärung begann. Die eigene Erfahrung wird wesentlich und die Individualität wird gefeiert, was sich zugespitzt im Begriff des Genies zeigt.

Betrachten wir, wie Goethe die Farben Gelb und Rot in ihrer Entstehung in der Natur erklärt:

Goethe zu seiner Farbenlehre

»Denn steht das Trübste vor der Sonne,
Da siehst die herrlichste Purpur-Wonne.
Will das Licht sich dem Trübsten entwinden,
so wird es glühend Rot entzünden.«

Moni Obser: Gelb und Rot
in der Natur

Diese Abbildung zeigt, dass der Beobachter auf der Erde die Sonne in ihrem höchsten Stand gelb sieht. Bei unter- und aufgehender Sonne sieht er sie rot, was atemberaubend in den Tropen zu bewundern ist: Blutrot geht die Sonne gegen sechs Uhr morgens am Äquator auf und ebenso gegen sechs Uhr abends unter. Dieses Phänomen erklärt sich aus dem unterschiedlichen Winkel, aus dem das Auge die Sonne betrachtet. Durch diese verschiedenen Winkel wird die Mittagssonne mit weniger Trübe vor ihr, die Morgen- und Abendsonne mit mehr Trübe vor ihr gesehen. Steht die Sonne im Zenith, liegt zwischen dem Auge des Beobachters und der Sonne relativ weniger durchleuchtete Trübe als zwischen dem Auge und der auf- und untergehenden Sonne. Dass Sonne und Mond, wenn sie nahe der Horizontlinie stehen, dem Beobachter rötlich erscheinen, wird heutzutage »Lichtstreuung« genannt, die stets dort auftritt, wo Licht auf Partikel – Goethes Trübe – trifft.

»Wenn der Blick an heitren Tagen
Sich zur Himmelsbläue lenkt,
Beim Siroc der Himmelswagen
Purpurrot sich niedersenkt,
Da gebt der Natur die Ehre,
Froh, an Aug' und Herz gesund,
Und erahnt der Farbenlehre
Allgemeinen ewigen Grund.«

Goethe

Die Trübe sind also die Atmosphäreschichten, die aus Wassertröpfchen und Staubpartikeln bestehen. Da über Großstädten die Partikel in der Atmosphäreschicht besonders dicht gelagert sind, können wir hier besonders schöne Sonnenauf- und -untergänge betrachten. Auch Nebel tritt häufig als Trübe auf.

Der Beobachter sieht die Sonne gelb, wenn wenig durchleuchtete Trübe vor ihr liegt – kurzer Strahlengang durch die Atmosphäre. Der Beobachter sieht die Sonne rot, wenn viel Trübe vor ihr liegt – langer Strahlengang durch die Atmosphäre.

Dies erleben Sie im Herbst, wenn die Felder abgebrannt werden: Sie sehen die Sonne durch den Rauch rot, da viele Materieteilchen sich vor die Sonne schieben.

Hieraus folgert Goethe:

Gelb ist der farbige Repräsentant des Lichtes.

Wenn immer mehr Trübe vor eine Lichtquelle geschoben wird, geht die Färbung von Gelb nach Rot bis hin zum Schwarz. Das haben Sie in Übung 3 gemalt. Beim Schwarz wird die Materie (Trübe) derart dicht, dass sie kein Licht mehr durchleuchten kann.

Was sich in der Natur auf der Ebene der Lichtfarben abspielt, haben Sie mit Malfarbe imitiert.

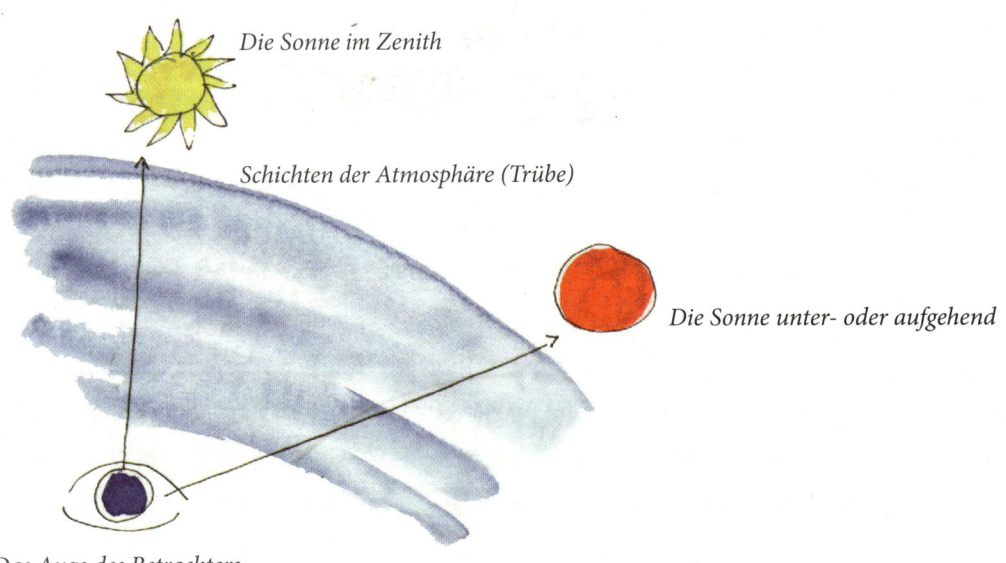

Die Sonne im Zenith

Schichten der Atmosphäre (Trübe)

Die Sonne unter- oder aufgehend

Das Auge des Betrachters

Skizzenbuch: Gelb und Rot in der Natur

Kalte Farben

Die rechte Seite (Blau-Violett) des Farbenkreises

■ Malen Sie in das Band unten die Farbübergänge von Schwarz über Violett und Blau nach Weiß. Versuchen Sie, die Übergänge fließend zu gestalten.

■ *Übung 4:*
Die rechte Seite (Blau–Violett)
des Farbenkreises

Dunkel   Hell

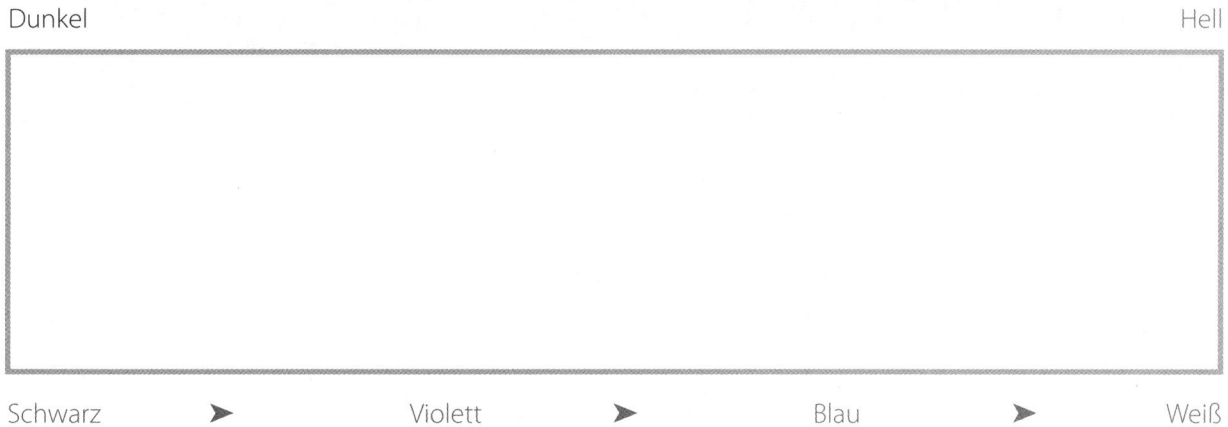

Schwarz   ➤   Violett   ➤   Blau   ➤   Weiß

■ Welche Übergänge fielen Ihnen schwer?
Wo können Sie Brüche erkennen?

Diese Übung wurde in alten Malschulen genutzt, um Fähigkeiten beim Malen des Himmels zu verbessern.

■ Wenn Sie statt in Weiß diesen Farbenfluss in Grün auslaufen lassen, steigern Sie Ihre Geschicklichkeit beim Malen größerer Wasserflächen, die wegen ihrer Dynamik noch schwieriger zu gestalten sind als der Himmel.

Skizzenbuch: Die rechte Seite des Farbenkreises –
von Schwarz über Violett zu Blau nach Weiß

Moni Obser: Blau nach Goethe

Goethe
zu seiner Farbenlehre

»Steht vor dem Finstern
milchig Grau,
Die Sonne bescheint`s,
da wird es blau.«

Wie Goethe Blau bzw. Violett erklärt:

Wir sehen den Himmel blau. Befinden wir uns im Hochgebirge, wirkt der Himmel königsblau und Raumfahrer sehen ihn violett.

Warum sehen wir Seen blau und Berge in der Ferne ebenfalls bläulich?

Beim Blau schaut der Beobachter auf die Finsternis. Der Weltenraum ist schwarz wie der Grund der Tiefsee. Zwischen dem Auge des Beobachters und der Finsternis befindet sich eine seitlich durchleuchtete Trübe, eben die der Atmosphärenschichten beziehungsweise des Wassers. Ist diese Trübe wenig konzentriert oder der Strahlengang durch sie kurz, entsteht die Farbe Violett. Ist die Trübe verdichtet beziehungsweise der Strahlengang durch sie lang, ergeben sich die Blautöne.

Blau ist der farbige Repräsentant der Finsternis.

Warum der Himmel blau erscheint, fragten sich schon immer die Menschen. Bis weit ins 15. Jahrhundert hinein nahm man an, dass das Blau des Himmels seiner Eigenfarbe entspräche. Auch die himmlischen Wesen dachte man sich blau, weswegen man sie nicht im ebenso blauen Himmel sehen konnte.

Leonardo da Vinci bezweifelte das, aber erst Goethe konnte den blauen Himmel mit seiner Farbenlehre verstehen. Eine streng wissenschaftliche Erklärung lieferte später der englische Physiker Lord John William Rayleigh (1842–1919) 1871. Diese noch heute gültige Erklärung besagt:

Die Intensität der Lichtstreuung an den Molekülen der Luft ist abhängig von der Wellenlänge des Lichts.

Je geringer die Wellenlänge, desto stärker die Streuung. Rayleigh konnte beweisen, dass blaues Licht stärker gestreut wird als jedes andersfarbige Licht. Auf der anderen Seite spielt auch, wie Goethe annahm, die Trübe der Atmosphäre eine Rolle, die aus Staub, Rauch, Salzkristallen und Tröpfchen besteht. Heute nennt man diese Teilchen Aerosole. 1910 konnte der deutsche Physiker Gustav Mie (1868–1957) zeigen, dass die Lichtstreuung – seitdem Mie-Streuung genannt – nicht nur von der Wellenlänge, sondern auch von der Größe der Aerosole abhängt. Damit bewies er indirekt, dass Goethe mit seiner Erklärung des blauen Himmels Recht hatte. Mit dieser Theorie der Trübe konnte man zum ersten Mal erklären, warum im Hochgebirge und den Polargebieten der klare Himmel intensiv blauviolett erscheint. Das liegt an der sauberen Luft – Goethe hätte gesagt: an der geringen Trübe vor der Finsternis.

So ergibt sich die Polarität der Farben Gelb und Blau als Repräsentanten des Lichts und der Finsternis.

William Turners besonderes Verhältnis zum Blau

Turner reiste an die schottische Küste. Dort hatte er sich eingemietet, um die See zu studieren und zu malen. Er buchte eine Fahrt mit der »Tramspeed«. Als es losgehen sollte, wurde die Fahrt wegen zu rauer See abgesagt. Turner bestimmte völlig erbost und außer sich, dass er auf jeden Fall fahren wolle, er hätte die Fahrt für diesen Tag gebucht. Nach langem Disput ließ er sich an den Mast binden. So durchfuhr er die See. Er musste eben alles erleben und in sich aufsaugen. Triefend und glücklich wurde er im Hafen vom Mast befreit. Jetzt konnte er das Blau des Meers malen.

William Turner: Die Schlacht von Trafalgar (1805)

»Das Gelb ist ein durch Finsternis gedämpftes Licht, das Blau eine durch das Licht abgeschwächte Finsternis.«
Rudolf Steiner

Die Polarität von Blau und Gelb

Diese Urpolarität von Blau und Gelb erkannte bereits Leonardo da Vinci (1452–1519). Sie kann als Bewusstsein und Unbewusstes charakterisiert werden. Die beiden grundlegenden Farbpole Gelb und Blau entsprechen Animus und Anima, dem männlichen und weiblichen Anteil in jedem Menschen. Die esoterische Farbsymbolik spricht von Geist und Seele. Geist und Seele wie die Integration von Animus und Anima entwickeln sich in der Konfrontation mit Licht und Finsternis dem gleichen Ziel zu, sich zu verbinden. Dies ist dynamisch als Steigerung zum Rot möglich oder in der Sammlung, symbolisiert durch den Ruhepol des Spektrums im Grün. Um die Parallelisierung fortzuführen: Trübe wäre in diesem System der Schatten (nach C.G. Jung), der einzig in der Projektion erlebt wird. Die Farbigkeit einer Person ist davon abhängig, wie bewusst (wenig trüb) oder unbewusst (viel Trübe) der Schatten gelebt wird.

Dieser Parallele zur analytischen Psychologie C.G. Jungs kann erstaunlich weit und bis ins Detail nachgegangen werden, da sich Goethe und C.G. Jung (1875–1961) nicht nur erkenntnistheoretisch nahe standen, sondern auch beide ihre Theorie auf einem streng polaren System aufbauten.

Gelb und Blau sind auf jeder Ebene polar.

Während Gelb den Intellekt und die Kommunikation betont, die Schnelligkeit und das Ausstrahlende, zieht Blau nach innen. Es begrenzt und wirkt beruhigend. Gelb ist der Neid, das weiß der Volksmund. Er erinnert damit an Gelb als die Farbe der Ausgestoßenen, die auf die anderen neidisch sind. Blau wird mit Treue verbunden und Sicherheit, deswegen wählen die meisten konservativen Parteien Blau als ihre Signalfarbe.

Im Gelben ist nach Goethe der rote Schein vorhanden. Wenn wir das Gelb verdichten, gelangen wir über Orange zum Rot. Wenn wir ein Dunkles in ein Gelb geben, wandelt es sich über Orange zum Rot. Die Farben Gelb und Blau sind entweder in Bewegung zum reinen Rot hin oder mischen sich in der entgegengesetzten Richtung im Grün. Dies zeigt sich in der Natur: Das Grüne ist das Unreife, während das Rote das Reife darstellt.

Goethe unterscheidet als Erster zwischen warmen und kalten Farben. Auf der rechten Seite des Farbenkreises liegen von Rot bis Gelb die warmen Farben, auf seiner linken Seite dagegen von Violett bis Blau findet man die kalten Farben – man redet auch von aktiven (warmen) und passiven (kalten) Farben.

Aufgehellte kalte Farben lassen Räume größer erscheinen, weil Sie viel Licht absorbieren, wodurch der Blick angezogen wird.

Warme Farben schaffen eine gemütliche Raumatmosphäre, verkleinern einen Raum jedoch optisch, da sie viel Licht reflektieren. Allerdings: Gegenstände werden durch Gelb optisch vergrößert, deswegen konnte sich Gelb nie als Modefarbe durchsetzen, außer für eine kurze Zeit am Ende des 19. Jahrhunderts.

Goethes Spektrenversuche

Für diejenigen, die sich mit den Spektrenversuchen Goethes beschäftigt haben, sei kurz angemerkt, dass die Trübe vor dem Licht natürlich dunkler als das Licht der Sonne ist und wir hier einen Hell-Dunkel-Kontrast vor uns haben, der demjenigen der Kantenspektren ähnelt. Ganz korrekt müsste man hier sagen, dass Licht und Finsternis in der Atmosphäre miteinander verwoben werden.

Jetzt schauen wir uns den Übergang der Farben im unteren Abschnitt von Goethes Farbenkreis an.

■ *Übung 5:*
Der untere Übergang des Farbkreises (Gelb–Grün–Blau)

■ Malen Sie die Abbildung mit einem echten, aus Gelb und Blau gemischten Grün aus.

Von hier kommt Gelb   ➤   Grün   ◀   von hier kommt Blau

■ Betrachten Sie dieses Grün. Was waren Ihre Gefühle beim Mischen und beim Ausmalen?
Was spricht das Grün in Ihnen an?

Nach Goethe liegt im Grün der Ruhe- beziehungsweise der Ausgleichspunkt des Spektrums. Grün ist durch Gelb und Blau mischbar oder durch die Mischung von Gelb mit Schwarz, da im schwarzen Pigment oft Blautöne vorhanden sind. Das zweite Grün besitzt einen massiveren, dichteren Charakter.

Grün wurde und wird in einigen Farbsystemen als Grundfarbe angesehen. Falls Sie eine Grundfarbe als eine ungemischte Farbe ansehen, dann sind Grün wie auch Rot keine Grundfarben.

Skizzenbuch: Der untere Abschnitt in Goethes Farbenkreis –
Gelb und Blau fügen sich zu Grün zusammen.

Grün mischt sich bei den Oberflächenfarben aus Gelb und Blau und Rot mischt sich aus den Farben Magenta und Gelb.

Bei den Lichtfarben ist Grün eine ungemischte Farbe.

Grün ist die hochgelobte »viriditas«, die Lebenskraft, bei Hildegard von Bingen und »des Lebens güldner Baum« bei Goethe. Bis zu den Grünen und den Logos der Ökoprodukte hin symbolisiert Grün Leben und Gesundheit.

Um den Schatten von Grün zu verstehen, versuchen Sie einmal, sich ein giftiges Grün zu mischen, einen Grünton, den Sie gar nicht sehen mögen.

Da das Phänomen der Farbe in seiner Gesetzmäßigkeit auf der Lebensbewegung von Yin (Finsternis) und Yang (Licht) beruht, und jeder Mensch ebenso in der Spannung zwischen Yin (weiblich, dunkel) und Yang (männlich, hell) steht, können die Farben über die Gesetze des menschlichen Lebens Auskunft geben und jene in ihrer Bewegung abbilden. Deswegen heißt es am Anfang von »Faust, Der Tragödie Zweiter Teil«:

Am farbigen Abglanz haben wir das Leben.

Grün

war nicht nur die Lieblingsfarbe Mohammeds, sondern auch die Napoleons. Der auf St. Helena Verbannte, so geht das Gerücht, vergiftete sich an den Arsenausdünstungen der grünen Tapeten in seinem Haus. Seit 1800 waren solche Tapeten in »Scheele Grün«, eine Farbe die hochgradig arsenhaltig war, in Mode gekommen. Im feuchten Klima St. Helenas dünsteten diese Tapeten stark aus und sollen Napoleon den Tod gebracht haben.

Henri Rousseau: Der Traum (1910), Museum of Modern Art, New York

Vincent van Gogh: Die Sternennacht (1889)
Museum of Modern Art, New York

Gegenfarben (Komplementarität)

Den Begriff »Komplementarität« prägte 1794 der amerikanische Physiker Benjamin Thompson. Komplementärfarben oder Gegenfarben wurden seitdem die Farben genannt, die sich im Farbenkreis gegenüber liegen (180°).

Der Maler Phillip Otto Runge drückte das Wesen der Komplementärfarben zu Beginn des 19. Jahrhunderts so treffend wie anschaulich aus: »Wenn man sich ein bläuliches Orange, ein rötliches Grün oder ein gelbliches Violett denken will, wird einem zu Muthe wie bei einem südwestlichen Nordwinde.«

Arthur Schopenhauer verbreitete zur gleichen Zeit die These, dass das Auge durch Komplementaritäten stimuliert werde. Vincent van Gogh und Henri Matisse beschäftigten sich ausführlich mit der Wirkung von Komplementärfarben, um das Auge des Bildbetrachters stärker reizen zu können.

Setzt man komplementäre Farben gegeneinander, steigern sich beide in ihrer Wirkung.

In Gegensätzen wahrzunehmen und zu denken, hat unsere Kultur maßgeblich geprägt. Aristoteles beschäftigte sich mit dem Gegensatz und der Ergänzung. Die Pythagoräer stellten Tafeln von Gegensätzen auf. Die Beschäftigung mit dem Wesen des Gegensatzes und der Komplementarität faszinierte zunehmend die Philosophen. Wie für Hegel war schon für Heraklit der Gegensatz beziehungsweise die Komplementarität die Voraussetzung und Triebkraft jeder Entwicklung. Nach Hegel schlägt jeder Zustand in sein Gegenteil um. Der Zeitgeist förderte mit solchen Gedanken die Entdeckung der Komplementärfarben.

Komplementärfarben sind verantwortlich für eine Reihe optischer Täuschungen. Sie werden in der Werbung verwandt, um die Waren speziell hervorstechen zu lassen. Zum Beispiel finden Sie im Supermarkt oft Fleisch auf einer grünlichen Unterlage, Salat auf einer rötlichen präsentiert. Außerdem besitzen Waschmittel Blauanteile, um den Gelbstich älterer Wäsche zu neutralisieren.

Wenn Sie Rot gegen Grün setzen, wie es im Mittelalter beliebt war, wird ein Flimmereffekt entstehen, weswegen diese Farbzusammensetzung im Internet vermieden wird.

Paul Cézanne

Der französische Farbtheoretiker und Maler gab in fröhlicher Runde gern zum besten, wie er die Wirkung der Komplementärfarben erkannte. »Als ich bei grellem Sonnenlicht heute Morgen eine gelbe Postkutsche sah«, so mag er beschwingt gesprochen haben, »fiel mir plötzlich zu meiner Verblüffung auf, wie dieses gelbe Gefährt einen violetten Schatten warf. Und vor allem, dass dieser komplementäre Schatten des Objekts dessen Farbe steigerte.«
Zunächst führten seine Kollegen diese »optische Täuschung«, wie sie das Phänomen nannten, auf die Wirkung des guten Rotweins zurück.
Doch bald nutzten auch sie kleinlaut komplementärfarbige Schatten, um die Farbe der gemalten Objekte zu steigern. Das Malen in Komplementärkontrasten wurde von nun an zur Mode bei vielen Impressionisten.

Zunächst einige Übungen zur Komplementarität:
Wie sind Komplementärfarben sinnlich zu bestimmen?

■ Legen Sie einen einfarbigen (monochromen) Gegenstand einer bestimmten Farbe auf ein weißes Blatt Papier. Schauen Sie diesen Gegenstand einige Minuten möglichst ohne Augenbewegungen an. Nehmen Sie ihn plötzlich weg. Sie werden auf dem weißen Papier die Komplementärfarbe des Gegenstandes als Schein erkennen. Das ist zum Beispiel leicht mit einer Apfelsine durchführbar, die einen blauen Nachschein bewirkt.

Die Komplementarität bildet eine Ganzheit, eine Komplettheit ab, die auch physiologisch beim Sehen vollzogen wird, denn das Auge bildet durch das komplementäre Nachbild zu einer geschauten Farbe wieder die Ganzheit der Farben. So ist zum Beispiel die Komplementärfarbe zu Blau Orange, das sich aus Gelb und Rot mischt. So haben wir alle Grundfarben beieinander.

■ Können Sie Schatten in Komplementärfarben an gut beleuchteten farbigen Oberflächen erkennen?

■ In die drei Streifen **A**, **B** und **C** (Übung 6) lassen Sie in **A** von rechts Rot einfließen, von links dessen Komplementärfarbe Grün. Mischen Sie in der Mitte beide Farben.
In **B** lassen Sie von rechts Gelb einstrahlen, von links dessen Komplementärfarbe Violett und mischen wieder beide Farben in der Mitte.
In **C** mischen Sie in der Mitte von rechts einstrahlendes Blau und von links einstrahlendes Orange.

Skizzenbuch: Die Mischung von
Komplementärfarben

■ *Übung 6: Mischung von Komplementärfarben*

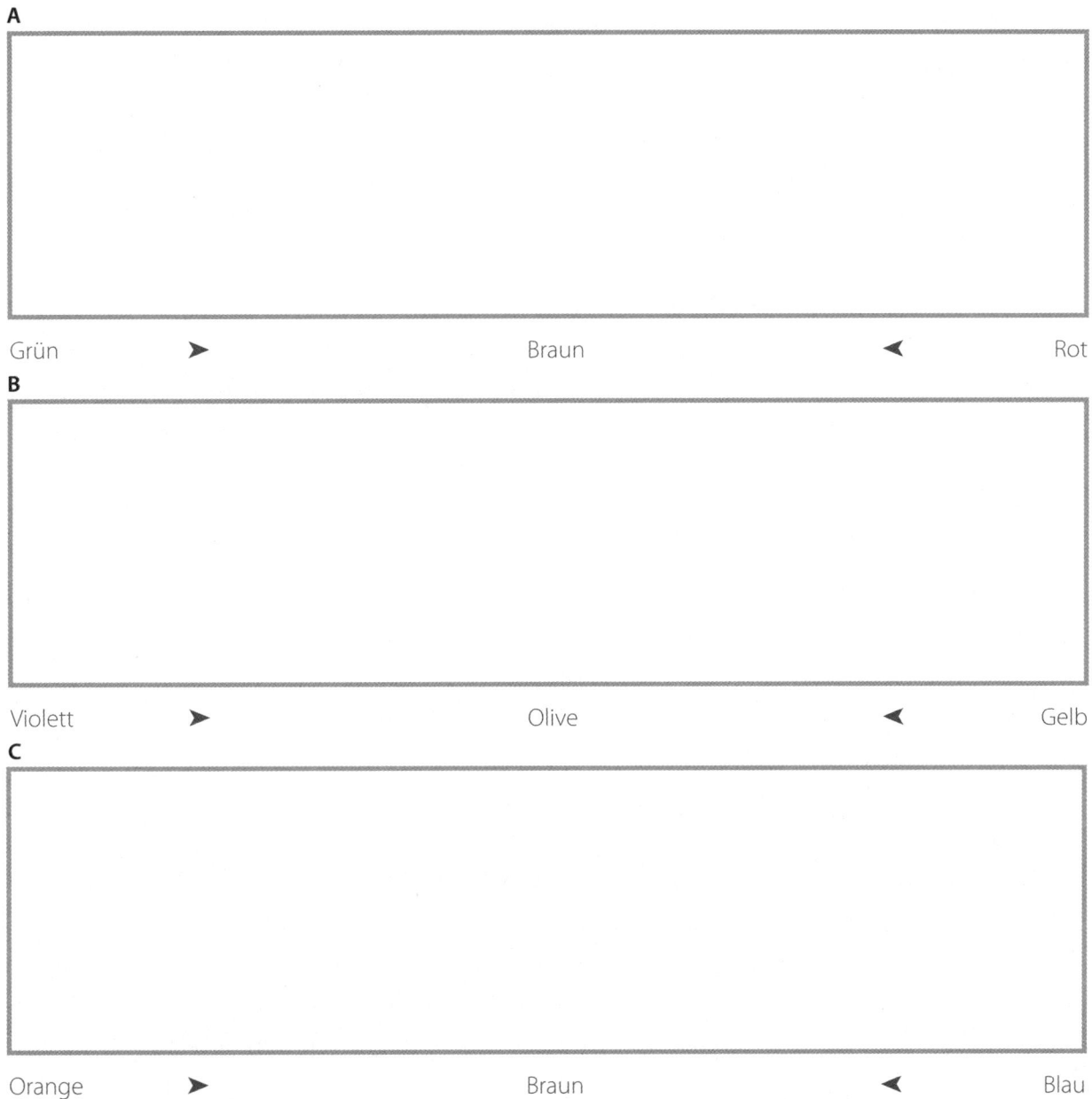

A

Grün   ➤   Braun   ◄   Rot

B

Violett   ➤   Olive   ◄   Gelb

C

Orange   ➤   Braun   ◄   Blau

Komplementärfarben sind dadurch definiert, dass sie sich zu Grautönen mischen. In unserem Fall, da Malfarben als Pigmentfarben nie genau Komplementarität abbilden können, ergeben sich farbige Grautöne, die Sie als bräunlich oder grünlich bezeichnen würden. Dies trifft allerdings nur auf Oberflächenfarben, also für Pigmentfarben zu. Es ist die subtraktive Mischung, bei der die Farbhelligkeit vermindert wird. Lichtfarben, wie wir sie von Bildschirmen und der Neonwerbung her kennen, mischen sich additiv, dort wird die Farbe durch den Mischvorgang heller. Im Ideal mischen sich alle Lichtfarben zu Weiß.

■ Schauen Sie sich die drei Mischfarben in **A**, **B** und **C** genau an. Wie würden Sie diese beschreiben?

Adolf Hölzel

begann seine Karriere als Schriftsetzer beim kartografischen Verlag Perthes. Die dort geforderte Genauigkeit sollte sein gesamtes Werk prägen.

Unbuntes Grau

ist mit einem weichen Bleistift zu malen. Die unterschiedlichen Helligkeitsstufen entstehen durch den Druck, den man auf den Stift ausübt.

Malerischer ist es jedoch, unbunte Grautöne durch einen schwarzen und weißen Farbstift zu erzeugen, indem man über die schwarze Farbschicht eine weiße legt.

»Schwarz und Weiß,
eine Totenschau,
Vermischt ein niederträchtig Grau.«
Goethe

Diese drei farbigen Grautöne werden nach dem Farbtheoretiker und Maler Adolf Hölzel (1853–1934) Citrin (dunkler Ockerton), Russet (Purpurgrauton) und Olive (Blaudämpfung) genannt. Diese Farben heißen bisweilen auch »Hüllfarben«, da ein Grauschleier die Primärfarben verhüllt, die diesen Farben zugrunde liegen.

In einigen Farblehren unterscheidet man die Hüllfarben in

- ■ Grau (Blau und Orange)
- ■ Braun (Rot und Grün)
- ■ Olive (Gelb und Violett)

Im Ideal löschen sich die bunten Farben bei der Mischung mit ihrer Komplementärfarbe in einem unbunten Grauton aus. Mit Pigmentfarben kann solch ein Grau einzig aus Schwarz und Weiß gemischt werden.

■ Versuchen Sie, Kästchen **A** von Übung 7 mit einem unbunten Grau auszumalen, das Sie durch echte Mischung mit einem schwarzen und weißen Stift herstellen.
Was empfinden Sie bei diesem Grau?

Grau ist dem Schatten wesenhaft ...

Wenn Sie kritisch schauen, bemerken Sie, dass Ihr unbuntes Grau noch bunte Anteile aufweist. Das hängt damit zusammen, dass die schwarzen Farbstoffe Ihres Stiftes selten ein reines unbuntes Schwarz wiedergeben. Das Schwarz hat immer einen leichten Blau- oder Grünstich. Ein reines Weiß ist ebenso selten. Bei ihm tritt meistens ein Gelbstich auf.

■ Das Kästchen **B** malen Sie mit einem Grau aus, dass Sie mit einem Komplementärfarbenpaar Ihrer Wahl echt mischen.

■ Ergründen Sie die Unterschiede dieser beiden Grautöne.

Maler ziehen meistens ein Grau vor, das sie sich aus bunten Farben mischten, statt eines aus Schwarz und Weiß gemischtem Grau. Ein aus bunten Farben gemischter Farbton wirkt grundsätzlich lebendiger als ein aus unbunten Farben gemischtes Grau. Andere Farben als Grau sind aus unbunten Farben nicht zu mischen.

■ *Übung 7: Mischung von unbuntem und buntem Grau*

A

Schwarz ➤	unbuntes Grau ◄ Weiß

B

z. B. Violett ➤	buntes Grau ◄ z. B. Gelb

Angeregt von Goethes Polemik gegen Sir Isaac Newton (1642–1727) möchte ich zu einem kleinen Experiment raten, das uns die subtraktive Farbmischung der Flächenfarben zu Grau deutlich sehen lässt.

Von der »subtraktiven Farbmischung« spricht man, wenn man mischt, indem man die zu mischenden Farben übereinander malt oder druckt im CMYK-System der Drucker.

C für Cyan ist die Grundfarbe der Drucker – ein Blauton

M für Magenta ist die Grundfarbe der Drucker – ein Rotton (Purpur)

Y für Yellow ist die Grundfarbe der Drucker – ein reines Gelb

K für Schwarz – druckt farbige Bilder gesättigter, als es durch C + M + Y möglich ist

Skizzenbuch: Das Schwungrad der Komplementärfarben

■■■ Wie auf der Abbildung zeichnet man auf einem Stück Pappe einen Kreis, den man in vier Segmente aufteilt. Diese Segmente malt man abwechselnd mit einer beliebigen Farbe und deren Komplementärfarbe aus. Man schneidet den Kreis aus und steckt eine Nadel durch seinen Mittelpunkt. Lassen Sie diesen Kreis um die Nadel als Achse schnell rotieren. Sind die Segmente mit echten Komplementärfarben ausgemalt, sehen Sie ein unbuntes Grau.

Man kann von einer Farbe und ihrer Komplementärfarbe so viele Segmente wie erwünscht bilden. Es müssen einzig die Flächen der Farben und deren Komplementärfarben gleich groß sein. Dieser Versuch ist mit jedem Komplementärfarbenpaar durchführbar. Den gleichen Versuch kann man mit allen Grundfarben oder mit allen Grundfarben und deren Sekundärfarben (Sekundärfarben ergeben sich aus der Mischung zweier Grundfarben) durchführen.

Bei diesem Schwungradversuch handelt es sich um eine scheinbare Mischung durch Schnelligkeit, denn die Farben werden nicht materiell gemischt. Der optische Eindruck ist jedoch der gleiche wie bei einer materiellen Farbmischung.

■■■ *Übung 8: Schwungrad mit 12 Segmenten – immer abwechselnd mit zwei Komplementärfarben auszumalen*

Falls man sein Grau individueller gestalten möchte, kann man durch die verschiedenen Mischungen der Komplementärfarben, die man im Helligkeits- und Sättigungsgrad variiert, zu ausdrucksstarken bunten Grautönen kommen.

■ *Übung 9: Die Mischung aller Ihnen vorliegenden Farben*

Die Anwesenheit aller Farben schließt ein, dass alle reinbunten Farben und ihre entsprechenden Komplementärfarben vorhanden sind.

Wenn es gemäß der Farbtheorie heißt, dass die Mischung der komplementären Farben Grau ergibt, und zwar unbuntes (echtes) Grau, so ist hiermit gemeint, dass bunte Farben bei jeder komplementären Mischung in unbunte gebrochen werden. Sie bekommen einen Grauschleier. Je häufiger gemischt wird, desto stärker wird der Grauschleier bei der Mischung von Pigment- oder Oberflächenfarben.

Skizzenbuch: Die Mischung aller vorliegenden Farben mit Buntstiften

Paul Cézanne: Mardi Gras – Pierrot und Harlekin (1888)
Puschkin-Museum, Moskau

Anmerkungen zur Farbmischung

Mit jeder Mischung wird die Reinheit der Farben verringert und der Farbton differenziert.

Die Gesetze der Farbmischung sind aus Goethes Farbenkreis deutlich abzulesen. Zwischen Rot und Gelb steht Orange, welches sich aus diesen beiden Farben mischt, wie Blau zwischen Grün und Blauviolett steht. Zwischen den drei Grundfarben steht stets die entsprechende Mischfarbe, deswegen kann dieser Farbenkreis mit unmerklichen Übergängen zwischen den einzelnen Farben koloriert werden.

 Verweilen wir noch etwas bei der Mischung: Lassen Sie in Übung 10 von rechts ein reines Rot einfließen und von links ein reines Gelb. Mischen Sie ein klares Orange aus diesen beiden Grundfarben. Nehmen Sie sich Zeit dazu. Versuchen Sie, sich ein echtes Orange zu ermischen, das weder zum Gelb noch zum Rot hin kippt.

Paul Cézanne

Der mit Emile Zola befreundete Cézanne wurde lange Zeit vom Kunstpublikum und den Kritikern verspottet. Einzig Picasso, Monet und Renoir kauften seine Bilder. Als sein Vater, ein Bankier, das barocke Schlösschen Jas de Boufflan kaufte, malte Cézanne dessen Räume aus und signierte seine Arbeiten mit »Ingres«, einen Maler, dessen Werk er gar nicht leiden konnte.

 *Übung 10: Das Ermischen von Orange*

Gelb ➤   Orange   ◄ Rot

Eines der praktischen Phänomene der Farbmischung liegt darin, dass bei der subtraktiven Farbmischung zur Erzeugung harmonischer Farben nie mehr als einmal gemischt werden kann. Jede weitere Mischung bringt keine qualitativ neue harmonische Farbe mehr, sondern verändert einzig den erreichten Farbton in seiner Nuance oder bringt unbunte oder disharmonische Farben hervor.

Das zeigt sich schon sprachlich an den Farbworten: Die Primärfarben besitzen eigene Farbworte (Rot – Gelb – Blau), ebenfalls die Sekundärfarben (Orange – Grün – Violett), alle weiteren Farbtöne

kann man nur noch mit zusammengesetzten Farbworten wie Gelb-orange, Rotviolett etc. bezeichnen (außer Türkis, was allerdings im eigentlichen Sinne der Name des Farbstoffes und nicht der Farbe ist). Im Anhang finden Sie Beispiele für Farbzeichnungen.

Die Sekundärfarben sind aus genau gleichen Anteilen der Primärfarben zu ermischen. Wir bekommen so leuchtende Farben einer neuen Qualität. Mischen wir allerdings jene Sekundärfarben abermals, kommen wir zu den Farben, die Goethe als Missfarben oder schmutzige Farben bezeichnete.

■ Malen Sie Übung 11 so aus, dass von rechts Grün einstrahlt, von links Orange und in der Mitte beide Farben sich mischen.

■ *Übung 11: Das Ermischen einer Missfarbe*

Orange   ➤   Missfarbe   ◄   Grün

Vor dem Hintergrund dieses Phänomens der subtraktiven Farbmischung bei Pigmentfarben ist die Sechsteilung des Farbenkreises nach Goethe zu verstehen. Diese Sechsteilung macht uns die Grenze der Mischbarkeit der bunten Farben deutlich. Nehmen wir allerdings vorgefertigte Sekundärfarben, wie wir sie in Buntstiftreihen und Farbkästen finden, können wir zwar häufiger mischen, kommen jedoch nicht zu qualitativ neuen Farbtönen. Streng genommen weist also Goethes sechsteiliger Farbenkreis alle möglichen bunten Farben auf. Wenn wir später die zwölfteiligen Farbenkreise betrachten, werden wir sehen, dass die dazugekommenen sechs Farben einzig Farbnuancen der sechs Farben Goethes darstellen, aber keine neue Qualität enthalten.

■ Versuchen Sie, aus Grün, Violett und Orange neue Farbtöne durch Mischung zu bilden.

■ *Übung 12: Mischversuche*

■ Sie landen immer bei den Missfarben.

Sich Farben selber zu ermischen, hat folgende Vorteile:

■ der Farbton kann individuell und genau ausgemischt werden
■ ein selbst ausgemischter Farbton ist lebendiger als ein fertig gemischter
■ man übt, Farbdifferenzierungen genau wahrzunehmen

Es gibt eine andere optische Mischmöglichkeit, die auf den französischen Maler und Romantiker Eugène Delacroix (1798–1863) zurückgeht:

■ *Übung 13: Farbdreieck nach Delacroix*

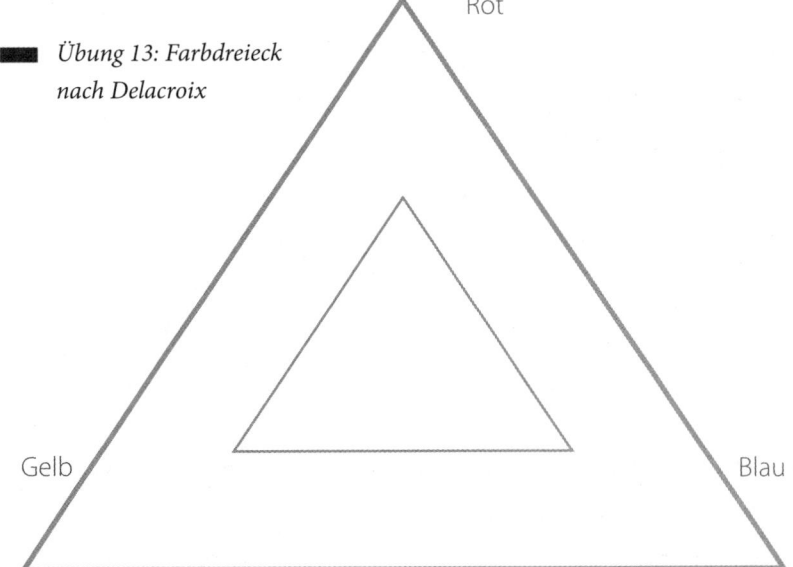

■ Malen Sie dieses Dreieck nach den Farbangaben aus und gestalten Sie die farbigen Übergänge so fließend wie möglich.

Psychologische Anmerkung

Sollte man hieraus für die menschliche Psyche folgern, dass jede Differenzierung ihre Begrenzung aufweist und ein Zuviel an Differenzierung leicht ins Negative umschlagen kann?

Letztendlich ist die Ich-Bildung eine Differenzierung, und wenn sozusagen zu viel Ich ausgebildet ist, wird der Mensch asozial und unglücklich.

Farbendreieck nach Eugène Delacroix

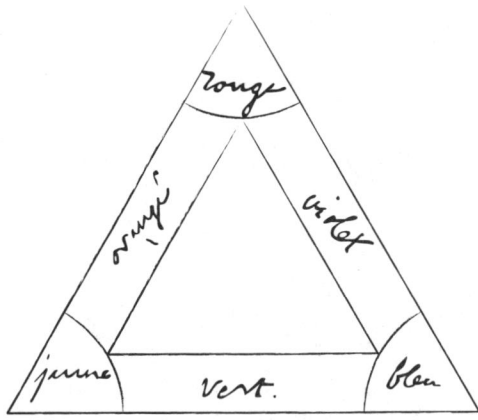

■ *Übung 14: Optische Mischung*

A

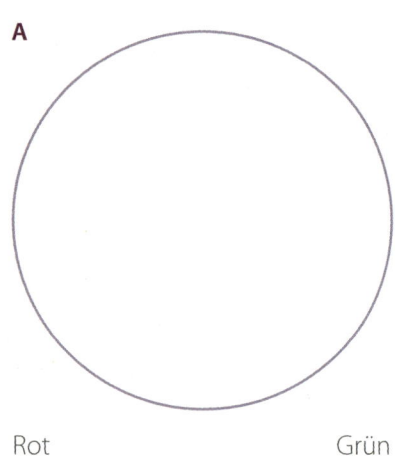

Rot   Grün

B

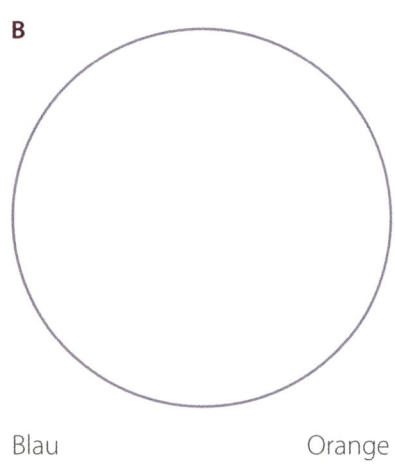

Blau   Orange

C

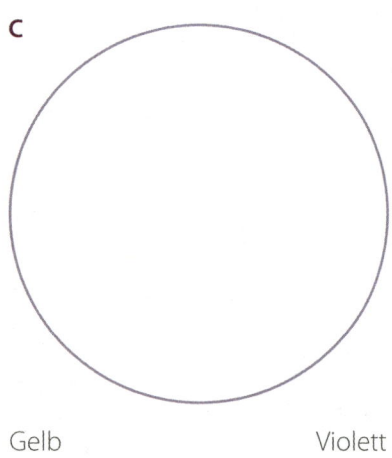

Gelb   Violett

Aus den drei Grundfarben bilden sich durch Mischung die Mischfarben. Wenn man zu einer Mischfarbe den Grundton hinzufügt, der ihr entgegengesetzt ist, betont man sie und bringt an den Rändern den notwendigen Halbton hervor. Um zum Beispiel Violett zu betonen, setzt man Gelb als dessen entgegengesetzten (komplementären) Grundton daneben. Aus gewisser Entfernung betrachtet, vollzieht das Auge an den Farbrändern eine Mischung, die stärker und deutlicher als die faktische Mischung wirkt.

■ Probieren Sie das selber aus: Malen Sie die Übung 14 **A**, **B** und **C** so aus, dass Sie Rot und Grün, Blau und Orange und Gelb und Violett nebeneinander setzen.
Schauen Sie sich das von Weitem an.

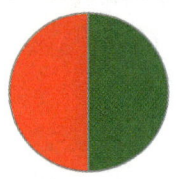 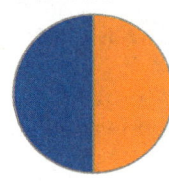 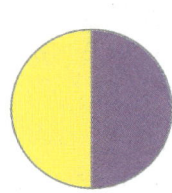

Die Komplementärfarben steigern sich durch optische Mischung – das Nebeneinanderstellen –, während sie sich durch faktische Mischung an den Farbrändern zu Grau auslöschen. Die optische Mischung wirkt leichter, die faktische schwerer oder massiver.

Beim Mischen übt sich die Fähigkeit, feinste Differenzierung der Farbe wahrzunehmen. Mischfehler, das heißt Sprünge in den Farbenreihen, gehen meist auf eine Blockierung der differenzierten Wahrnehmung in Bezug auf die Qualitäten der entsprechenden Farbe zurück. Wer zum Beispiel Rotabstufungen von Violett bis Gelborange nicht übergangslos mischen kann, weist oftmals eine Tendenz zur Angst vor der eigenen Lebendigkeit auf (Rot als Farbe des Lebens).

Menscher schwarzer Hautfarbe weisen eine Schwäche der Unterscheidung der Farbtöne im Blau-Grün-Bereich auf. Ihr Auge wird durch Pigmente gegen die starke Ultraviolettstrahlung am Äquator geschützt, wodurch diese Wahrnehmungsschwäche bedingt ist.

Wer sich mit dem Mischen feinster Farbnuancen genauer beschäftigen möchte, dem seien die Arbeiten von Harald Küppers empfohlen. In seinem »Farbenatlas«[4] gibt er genaue Mischanleitungen, um über 5500 Farbnuancen zu mischen. Er führt dort auch Unbuntausmischungen auf. Bei Unbuntausmischungen wird die bunte Farbe durch den Zusatz von Weiß oder Schwarz gebrochen.

■ Lassen Sie in die Fläche unten von rechts reines Rot, von links reines Weiß einstrahlen. Mischen Sie beide Farben in der Mitte.

■ *Übung 15: Unbuntausmischung Rot zu Rosa*

Weiß   ➤   Rosa   ◄   Rot

Grundsätzlich gibt es drei Arten des Farbenmischens in der Kunst:

1. die Mischung der Farbe auf der Palette
2. die Mischung, bei der man (wie El Greco, Rembrandt und Cézanne z.B.) Pigmente transparent übereinander legt
3. die von Seurat und den Neoimpressionisten benutzte Mischtechnik, bei der Farben nebeneinander gesetzt werden, die sich additiv im Auge des Betrachters mischen

Die Mischung der Farbe auf der Palette oder wie bei Aquarellfarben in Wasser bringt wie bei vorgemischter Farbe einen einheitlichen Farbton hervor. Dieser Farbton eignet sich zum Anstreichen, ihm fehlt eine Dynamik.

Werden jedoch die Farben nur wenig gemischt, können lebendige Farbeffekte erzeugt werden.

Das Mischen durch transparent übereinandergelegte Farben gibt der Farbfläche eine Tiefe und damit auch eine Lebendigkeit. Solche Farbmischungen wirken oft geheimnisvoll.

Die optische Mischung durch gegeneinandergesetzte Farbflächen verleiht einem Bild etwas Leichtes und Zartes, kann aber auch sehr unruhig wirken – speziell wenn man dem Bild zu nahe kommt.

Georges Seurat: Der Eiffelturm (1889)
Fine Arts Museum, San Francisco

Georges Seurat: Der Zirkus (1891)
Musée d'Orsay, Paris

Farbharmonien

Gewisse Harmonieaussagen über Farbzusammenstellungen, die teilweise von Goethe, teilweise aus der Zeit vor ihm stammen, haben bis heute tiefgehend unser Farbempfinden bestimmt.

Im Mittelalter stellten spezielle Farbzusammenstellungen den Stand der betreffenden Person dar: Die Farben, die der Adel und der Klerus trugen, waren durch die Heraldik als Lehre vom Wappenwesen und von den kirchlichen Farbvorstellungen bestimmt – es waren die Grundfarben und die Metallfarben Gold und Silber. Das Volk trug entweder ungefärbte Stoffe oder grell bunte Farben. Dem Bürgertum, das sich im Spätmittelalter bildete, blieb nichts anderes übrig, als Schwarz und Weiß als seine Farben zu wählen, um sich von den beiden vorigen Gruppen abzusetzen. Noch heute gilt die Zusammensetzung von Schwarz und Weiß jenseits jeglicher Mode als klassisch und vornehm.

Der Ausdruckswert einer Farbe hängt weitgehend von der Beziehung dieser Farbe zu anderen Farben ab. So zeigt gerade die Farbzusammenstellung in der Kleidung die Gemütslage der betreffenden Person.[5] Allerdings ist die unbewusste Wahl der Farbzusammenstellung nicht nur alters-, sondern auch geschlechtsabhängig.

Wie man Farben und Farbzusammenstellungen verwendet, hängt ferner von der Bildung, den Kenntnissen und den Neigungen der betreffenden Person und Kultur ab. Die Trendfarben spiegeln deutlich die in der gesellschaftlichen Dynamik herrschenden Strömungen wider. So zeigen sich Trendfarben beispielsweise deutlich an der Beliebtheit der Autofarben. War 2007/08 Weiß eine beliebte Lackierung, die an Hochzeitskutschen erinnerte, galten davor weiße PKWs als schwer verkäuflich, da die Autos der Sozialdienste meist weiß lackiert sind. Derzeit geht der Trend zu Schwarz und Dunkelviolett, da diese Farben den PKW schwerer und größer erscheinen lassen.

Goethe war der Erste, der auf Grund des Farbenkreises systematische Harmonieaussagen zu bestimmten Farbzusammenstellungen formulierte. Allen diesen Ansichten über Farbharmonien liegt eine ganzheitliche Sicht des Farbenkreises zu Grunde.

Farbharmonie

»*Goethes Gesetz der farbigen Harmonie (ist) von jedem Lehrer auch dem dümmsten Schüler verständlich zu machen, und wir müssten nun einer großen Kunstblüte entgegengehen, wenn – ja wenn der Gedanke Goethes richtig gewesen wäre.*«

Paul Renner

■■ Um diese Harmonievorstellungen sinnlich nachvollziehen zu können, malen Sie die folgenden drei Flächen wie angegeben mit den Paaren der Farben und ihren jeweiligen Komplementärfarben aus.

■■ *Übung 16: Rein harmonische Farbzusammenstellungen*

Die eine Seite Gelb, die andere Violett.

Gelb   Violett

Die eine Seite Blau, die andere Orange.

Blau   Orange

Die eine Seite Rot, die andere Grün.

Rot   Grün

Nicht jeder sieht die in Übung 16 gezeigten Farbzusammenstellungen als harmonisch an. Denn das, was harmonisch wirkt, unterliegt dem Zeitgeist mit seinen Moden. Dazu kommt, dass Goethes Harmoniebegriff mehr philosophisch als ästhetisch begründet ist. Die philosophische Idee der Ganzheit, die der Physiologie des Sehens entspricht (Nachbild), prägt diesen Harmoniebegriff. Sie mögen einen anderen haben, das ist der Geschmack, über den sich streiten lässt.

Außerdem verhält es sich hier wie bei den Lieblingsfarben: Es kommt darauf an, was in diesen Farben gestaltet wird, ob sie wirklich auf uns harmonisch wirken. Zum Beispiel eine Autolackierung in blau und orange fände ich schon sehr exzentrisch.

Werden die rein harmonischen Farbzusammenstellungen automatisch vom Auge erzeugt, so ergeben sich noch weitere Farbzusammenstellungen, die bewusst oder willkürlich produziert werden. Goethe unterscheidet bei diesen die charakteristischen und die charakterlosen Farbzusammenstellungen. Wir finden die charakteristischen Farbzusammenstellungen, wenn wir im sechsteiligen Farbenkreis jeweils eine Zwischenfarbe überspringen.

Malen Sie den Farbenkreis Goethes so aus, dass immer jede zweite Farbe des Farbenkreises neben der anderen liegt. Zum Beispiel:
rot – blau – gelb –
rot – blau – gelb oder
violett – grün – orange –
violett – grün – orange

Übung 17: Charakteristische Farbzusammenstellungen

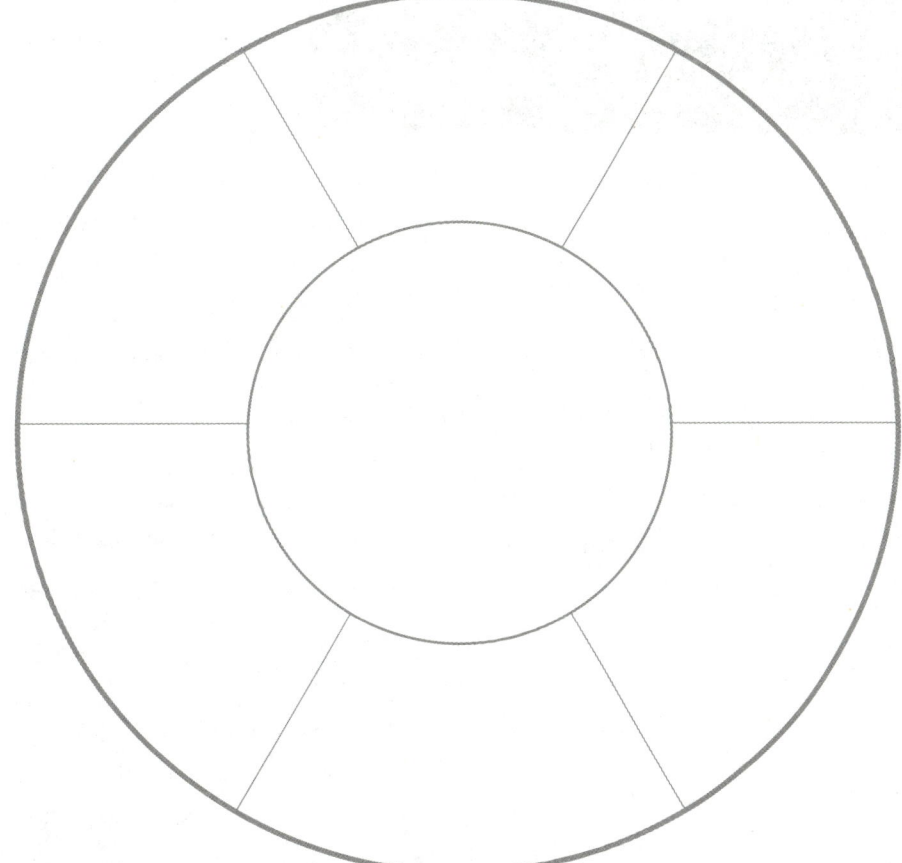

Charakterlos sind nach Goethe die Nachbarfarben im Farbenkreis. Ein Beispiel für eine charakterlose Farbzusammenstellung stellen die beiden Farben Grün und Blau dar. Blau und Grün wurden früher die Narrenfarben genannt, man sagt, dass jene Farben sich beißen. Es heißt im Spruch:

Grün und Blau ziert eine Sau.

Josef Albers: Huldigung an das Quadrat (1962)

Der frühere Bauhauslehrer Josef Albers gestaltete 1962 ein grün-blaues Bild, »Huldigung an das Quadrat«, das mir ganz und gar nicht charakterlos erscheint und das sich bestens als Meditationsvorlage eignet. Albers selber fordert ein meditatives Eindringen in die Bewegung seiner Bilder.

Man kann also sagen – trotz aller Subjektivität, die im Harmoniebegriff mitschwingt –, dass nach Goethe und dem Volksmund eng miteinander verwandte Farben charakterlos wirken. Farben, die in einem starken Gegensatz zueinander stehen, werden charakteristisch genannt. Hieraus spricht die alte Auffassung der Alchemisten, die C.G. Jung für das Seelenleben übernommen hat, dass es nämlich auf die Verbindung und Integration der unterschiedlichen beziehungsweise gegensätzlichen Aspekte – in der Persönlichkeit wie bei den Farben – ankommt.

Jenny Treibels Ehemann, Kommerzienrat Treibel, besaß in Berlin eine Fabrik zur Herstellung von Farben.

Vorbild für diese Figur in Fontanes witzigstem Roman ist Heinrich Kuhnheim, der Freund seiner Schwester Jenny, der in Berlin eine Farbik zur Produktion von Preußischblau besaß.

Farbharmonien sind allerdings auch leicht mit Farben gleichen Tons herzustellen. Zum Beispiel wirkt Türkis oder Preußischblau harmonisch zu Blau, denn Farben gleichen Tons bilden eine Einheit. Heutige Designer gehen davon aus, dass wenn die Farbauswahl aus einer Hälfte des Farbenkreises stammt, diese Farben charakteristisch beziehungsweise markant wirken.

Letztlich scheinen weder Goethe noch die Praktiker im Recht zu sein, da beide zu sehr abstrahieren. Bei Ton-in-Ton-Farben scheinen mir bei den kalten Farben eher die Praktiker Recht zu haben, bei den warmen Farben eher Goethe. Vielleicht wirkt auch der Ausgleich von Wärme und Kälte wesentlich mehr auf die Harmonie von Farbzusammenstellungen als die Verwandtschaft der Farben zueinander.

■ Finden Sie heraus, welche Farbzusammenstellungen auf Sie harmonisch wirken. Spielen Sie mit den Farben und schauen Sie sich die Farbenpaare an, die Ihrem Ästhetikempfinden entsprechen.

Das Lesen von Thomas Manns »Doktor Faustus« ließ mich über die darin geäußerte Ansicht Leverkühns nachsinnen, dass die Dissonanz für das Fromme, Ernste, Hohe und Geistige ist, während die Harmonie für die Welt als Banalität und Platitüde steht. Goethe mit seinen Harmonieansichten ist ein typischer Klassiker, dessen Welt durch den Archetyp des Lichtes geeint ist.

Das Charakteristikum der Modernen scheint eher die Dissonanz zu sein. Wir leben in einer Zeit, in der die klassischen Farbharmonien als kitschig, zu starr und normativ geordnet erscheinen, während aber die reaktive Dissonanz der Modernen und Postmodernen auch nicht mehr überzeugt. Heute interessiert die Ausdrucksfähigkeit einer Farbe mehr als ihre harmonische Wirkung, denn in der modernen visuellen Kommunikation sollen mitzuteilende Inhalte eindeutig ins Bild gesetzt werden. Hier, jenseits jeder normativen Ästhetik, liegt die Chance, auf das ureigene Gefühl bei der Farbwahl zu hören.

Dissonanz und Harmonie

»Die extrem polyphonen Härten dieses Stückes (und nicht dieses Stückes allein) haben viel Anlass zu Hohn und Haß gegeben. Aber es ist ja nicht anders, man muß es hinnehmen, ich wenigstens nehme es in willigen Stunden hin: das ganze Werk ist von einem Paradoxon beherrscht (wenn es denn ein Paradoxon ist), daß die Dissonanz darin für den Ausdruck alles Hohen, Ernsten, Frommen, Geistigen steht, während das Harmonische und Tonale der Welt der Hölle, in diesem Zusammenhang also einer Welt der Banalität und des Gemeinplatzes, vorbehalten ist.«
Aus: Thomas Mann »Dr. Faustus«

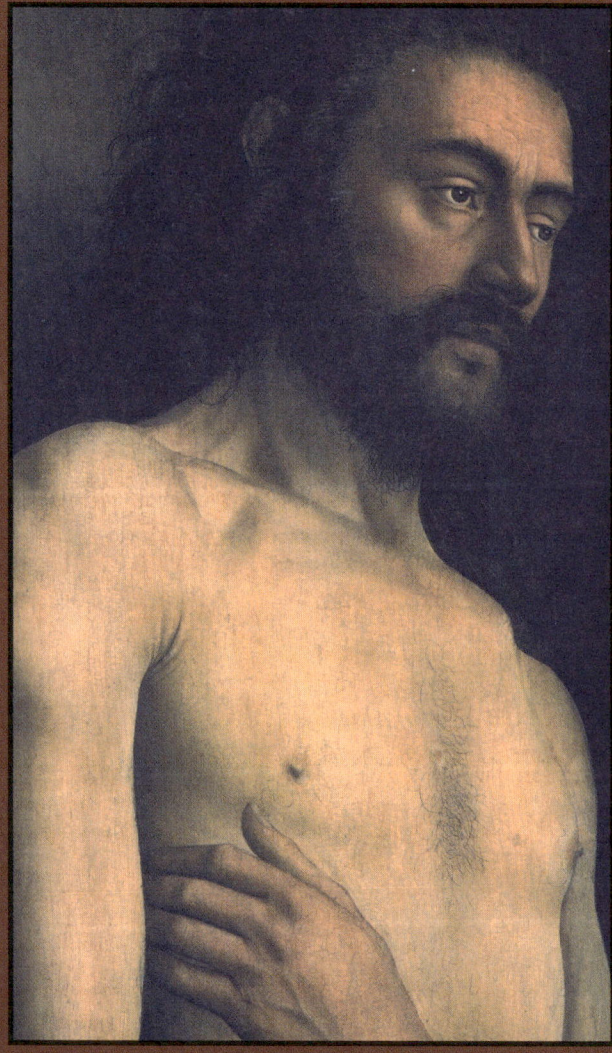

Jan van Eyck: Adam und Eva,
Ausschnitte aus dem Genter Altar (1432)
Kathedrale St. Bavo, Gent

Rudolf Steiners Beitrag zur Farbenlehre

Das Universalgenie Rudolf Steiner war unter anderem Maler, Architekt und der Begründer der Anthroposophie, deren Kunstauffassung eng an Goethes Farbenlehre ausgerichtet ist.

■■ *Übung 18: Farbenkreis nach Rudolf Steiner*

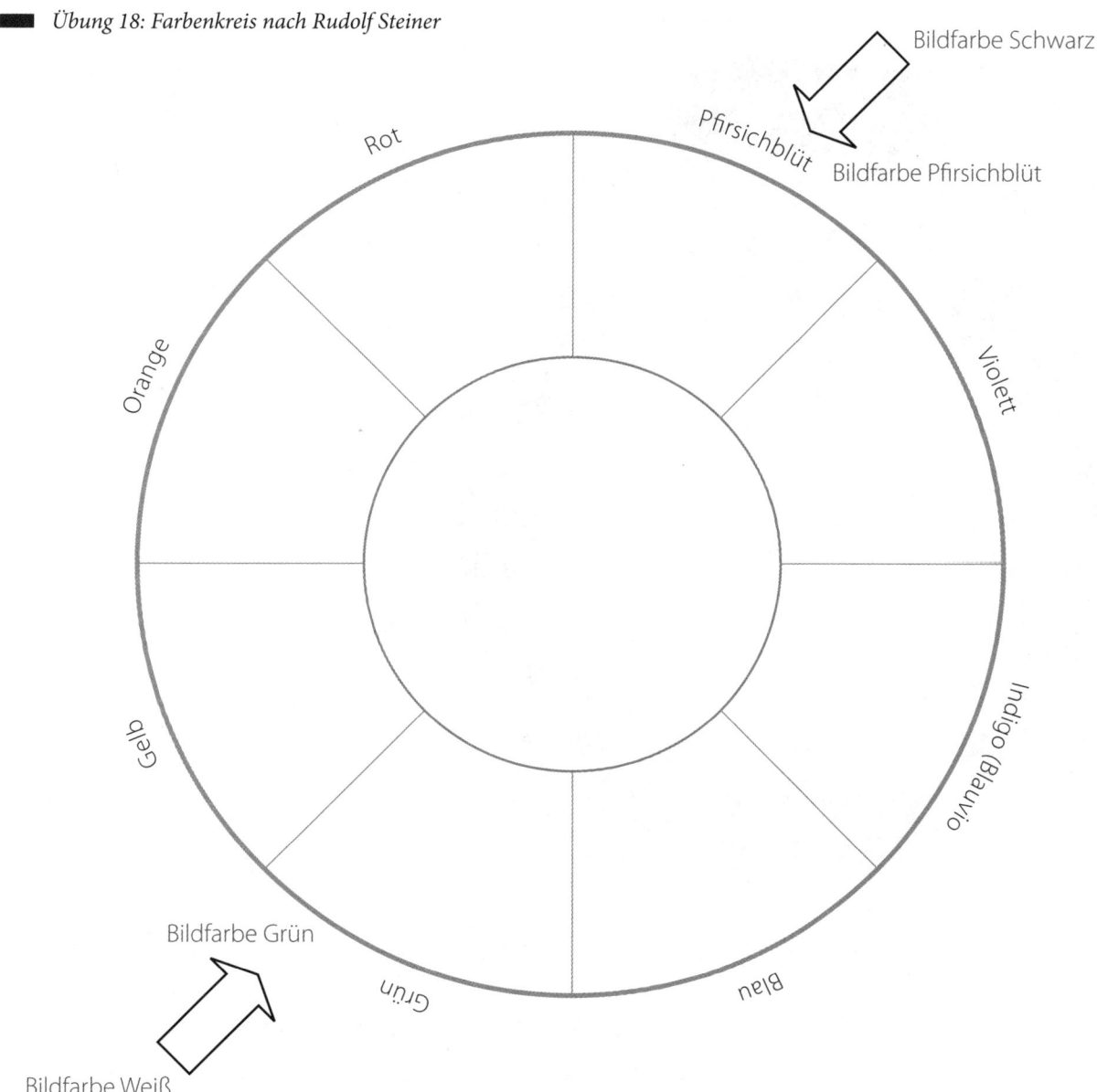

■■ Malen Sie den Farbenkreis in der Übung wie angegeben aus und betrachten Sie ihn einige Zeit oder meditieren Sie auf ihn.

■■ Was empfinden Sie hierbei?

Was fällt Ihnen an diesem Farbenkreis als Besonderheit auf?

Können Sie sich auf diesen Farbenkreis einschwingen?

»*Farbe ist die Seele der Natur und des ganzen Kosmos, und wir nehmen Anteil an dieser Seele, indem wir das Farbige miterleben.*«

Rudolf Steiner

Beantworten Sie bitte diese Fragen, bevor Sie weiterlesen. Es ist wichtig, dass Sie sich mit Ihrem ganzen Gefühl auf diesen Farbenkreis einlassen, bevor Sie zu den Erläuterungen kommen, wie Steiner selbst immer wieder betonte.

Die Abbildung zeigt eine künstlerische Gestaltung von Rudolf Steiners Farbenkreis. Dieser Farbenkreis wurde mit Buntstiften gemalt und betont die Lebendigkeit der Farben.

Moni Obser: Farbenkreis nach Steiner

Die Farbenlehre Steiners geht weitgehend auf diejenige Goethes zurück und teilweise über diese hinaus. Steiner begann als Einundzwanzigjähriger Goethes Farbenlehre innerhalb des Kodex von Goethes naturwissenschaftlichen Schriften herauszugeben. Er versuchte, besonders in seinen zahlreichen Vorträgen, auf Goethe aufbauend, zu einer erweiterten Farbenlehre speziell für den künstlerisch Schaffenden zu gelangen. Steiner bemühte sich, vom Sinnlichen zum Übersinnlichen zu gelangen und die Farben als Wiederklang der kosmischen Ordnung zu sehen. Er baute so auf Goethes »sinnlichsittlicher Wirkung der Farben« auf.

Rudolf Steiner richtete in seinen Vorträgen aus dem Jahr 1921 den Blick auf die Farben als Schöpfungsmächte, als Qualitäten, die aus ganz unterschiedlichen Seinsbereichen ins Irdisch-Sichtbare hineinleuchten. Diesen Farbvorträgen liegt eine lebendige, großartige Gesamtschau zugrunde. Jede Farbe stellt ein Fenster zu anderen und höheren Welt dar.

Im Gegensatz zu den meisten Farbenkreisen, die spätestens seit dem 19. Jahrhundert (Young, Helmholtz) auf den drei Grundfarben aufbauen, teilt sich Steiners Farbenkreis in acht Segmente auf. Wie Goethes Farbenkreis geht auch Steiners von der Urpolarität Gelb und Blau aus. Der Physiker Edwin H. Land bestätigte 1959 als Nebenprodukt der Entwicklung der Polaroid-Kamera diese Zweifarbentheorie Goethes und Steiners und widerlegte praktisch Newtons Dreifarbentheorie.

»Trotz aller Einwände, die von Seiten der Physiker gegen die Goethe-sche Farbenlehre gemacht werden, wurde ich durch meine eigenen Experimente immer mehr von der gebräuchlichen physikalischen Ansicht zu Goethe hingetrieben.«

Rudolf Steiner

Der achtteilige Farbenkreis Steiners ist nicht rational, das heißt, einige Farbgesetze sind nicht direkt an ihm ablesbar. Zum Beispiel liegen sich die Komplementärfarben nicht gegenüber. Aber Steiner geht es nicht um jene äußerliche Struktur der Farben, sondern um ihr tiefstes Wesen, das nicht rational erfasst, sondern einzig gefühls-mäßig nachempfunden werden kann.

Zunächst unterscheidet Steiner Bild- und Glanzfarben.

Es gibt vier Bildfarben: Weiß, Grün, Pfirsichblüt (Inkarnat) und Schwarz. Diese vier Bildfarben bilden eine Achse des Farbenkreises. Steiner bezeichnet diese Farben wie folgt:

»Jeder Farbe, jeder Lichtwahrnehmung entspricht ein geistiger Ton, und jedem Zusammenwirken von Farben entspricht eine Harmonie, eine Melodie.«

Rudolf Steiner

- ■ Schwarz: das geistige Bild des Toten
- ■ Weiß: das seelische Bild des Geistes
- ■ Grün: das tote Bild des Lebens
- ■ Pfirsichblüt: das lebendige Bild der Seele

Und es gibt drei Glanzfarben:
- ■ Gelb: Glanz des Geistes
- ■ Rot: Glanz des Lebendigen
- ■ Blau: Glanz des Seelischen

■ Malen Sie die Fläche in Übung 19 schwarz aus.

■ Bei allen Übungen in diesem Kapitel über Steiner ist es wichtig, dass die vorliegenden Flächen nicht farbig angestrichen werden, sondern dass Sie sich in die Farbe hineinversetzen und sie dann aus Ihrem Empfinden heraus malen. Dazu empfiehlt sich ein lasierender, lebendiger Farbauftrag – eventuell Schicht um Schicht. – Den Gegensatz zu dieser Malweise bietet van Gogh, bei dem die Farbe eine stoffliche Schwere besitzt und wie eine plastische Substanz behandelt wird.

Schwarz: das geistige Bild des Toten

■ _Übung 19: Schwarz_

Schwarz ist dem Leben fremd und der Kohle wesenhaft. Indem Sie auf die weiße Fläche Schwarz aufgetragen haben, bringen Sie nach Steiner den Geist in jene Fläche. Die schwarze Farbe ist das Tote. Es bildet sich im Geiste das Bild des Toten.[6] Der Schatten des Toten im Geist ist schwarz.

Die Farbe Schwarz besitzt jedoch zwei Pole: Einmal stellt Schwarz die Symbolfarbe des Todes dar, aber zum anderen kann Schwarz als die Farbe des Lebens angesehen werden, denn alles Leben entsteht im Dunkel, im Schwarzen. So kann man sagen, dass Schwarz die innere Seite des Lichtes wiedergibt.

Weiß: das seelische Bild des Geistes

■ _Übung 20: Weiß_

■ Malen Sie die linksstehende Fläche mit einem weißen Farbstift aus. Freilich ist die vorliegende Fläche bereits annähernd Weiß, aber wenn Sie diese mit einem weißen Farbstift ausmalen, wird das Weiß lebendiger.

■ Lassen Sie sich in dieses Weiß hineinfallen. Was fühlen Sie jetzt?

Weiß wird mit Licht assoziiert. Es stellt das seelische Bild des Geistes dar: Das Licht erinnert uns an unseren Geist durch die seelische Empfindung der Farbe Weiß. Der Schatten des Geistes im Seelischen wird weiß gedacht. Vom weißen Schatten zu reden, ist ein Paradox, allerdings ein viel benutztes, man denke nur an den Welthit »The Whiter Shade of Pale« von Procul Harum oder an die aus Autoschrott geschweißte Skulptur »White Shadow« (1984) von John Chamberlain.

Wie bei der Farbe Schwarz sehe ich bei der Farbe Weiß mehrere Ebenen:

1. Das Weiß, welches wärmt und dem Licht wie dem Geist verbunden ist: Weiß als Symbol des Himmlischen.

2. Das Weiß, das wärmt, aber auch blenden und verbrennen kann, so wie wir es auf der Erde am Licht der Sonne erleben: Weiß als Symbol des Irdischen.

3. Das Weiß, das nur blendet, in den Augen schmerzt und verbrennen kann: Weiß als Symbol des Aggressiven wie im weißen Wal und weißen Hai.

Gottlieb Schick: Frau von Cotta (1802)
Staatsgalerie Stuttgart

Grün: das tote Bild des Lebens

■ Malen Sie das Quadrat in Übung 21 mit rein grüner Farbe aus, die Sie sich aus Blau und Gelb mischen.

Dass Grün nach Steiner das tote Bild des Lebens sein soll, finde ich zunächst schwer nachvollziehbar. Spontan fiel mir beim Ausmalen die Pflanzenwelt ein, eben etwas Lebendiges. Grün hatte ich immer – wie die Grünen als lebensschützende Partei – mit Lebendigkeit assoziiert. Allerdings kann man mit Steiner sagen, dass im Grün die Natur in die Erscheinung tritt, sie wird materiell. Alles, was materiell wird, steht unter der Herrschaft des Todes.

Steiner beginnt seine Betrachtung der Bildfarben mit Grün. Die grüne Farbe, die uns in der Pflanze entgegentritt, stellt einzig das Bild der Pflanze dar, es ist nicht die Pflanze selbst.

Nach Steiner rührt die grüne Farbe der Pflanzen vom Mineralischen her.

■ *Übung 21: Grün*

Pfirsichblüt – Inkarnat: das lebendige Bild der Seele

■ *Übung 22: Pfirsichblüt I*

■ Versuchen Sie im linken Quadrat die Farbe der Haut der weißen Menschen zu malen. Probieren und experimentieren Sie mit Farbmischungen. Schauen Sie, was sich dabei ergibt. Konzentrieren Sie sich dann auf diese Farbe.

Bei Goethe ist die Farbe der Haut der weißen Menschen nur kurz erwähnt,[7] wohingegen sie bei Steiner eine wesentliche Rolle spielt. Das Steinersche Pfirsichblüt ist genau besehen ein gebrochenes Purpur im Sinn Goethes. Es ist keine Elementarfarbe, sondern ein mit Grau gebrochenes Rot.

Wir gelangen zum Pfirsichblüt, wenn sich Weiß (Licht) und Schwarz (Finsternis) dynamisch durchdringen und vom Rot durchleuchtet werden.

■ Probieren Sie, dies malerisch darzustellen: Lassen Sie von links Schwarz und von rechts Weiß sich in der Mitte treffen. Legen Sie ein reines Rot in der Mitte darüber. So kommen Sie zu dem, was Steiner Inkarnat oder Pfirsichblüt nennt.

Ich habe das Gefühl bei dieser Art das Inkarnat zu malen, dass diese Farbe wie ein Schleier über der Oberfläche des Bildes liegt.

■ *Übung 23: Pfirsichblüt II*

Schwarz ➤   Rot   ◄ Weiß

Schauen wir uns dies tiefenpsychologisch nach Steiner an: Im Menschen treffen sich Licht (als Geist und Bewusstsein) und Finsternis (als Gefühl und das Unbewusste). Beides wird im Vollzug des Lebens (rot) verbunden, so dass das eine das andere durchdringt.

Menschliches Leben ist die Verbindung vom Unbewussten und Bewussten. Farblich gesehen drückt sich das in der Tönung der menschlichen Haut aus. So kann die Farbe der Haut den seelischen Zustand des entsprechenden Menschen reflektieren: Wird der Teint grünlich, kommt eine tote Qualität auf, die Seele eines solchen Menschen zieht sich zurück. Wird der Teint rötlich, so drückt die Farbe des Lebens Humor und Lebensfreude (oder Sonnenbrand) aus.

Diese Beobachtungen geben leider keine Erklärung für das Auftreten der gelben und schwarzen Hautfarbe.

Im Inkarnat haben wir also das Bild des Lebens vor uns.

Der Mensch kann das obere Zentrum von Steiners Farbenkreises (Pfirsichblüt) nicht sehen, da er selbst in dieser Farbe steht und von ihr aus die anderen Farben betrachtet. Deswegen gliedert sich das Inkarnat nicht organisch von der Farbenreihe her in den Farbenkreis ein. Pfirsichblüt wird mit Rot zusammen als Komplementärfarbe zu zu Grün gesehen.

Zum Studium der Farbe der menschlichen Haut empfiehlt es sich, die Werke von Matthias Grünewald (um 1470–1528, z.B. den Isenheimer Altar) und die Gemälde von Peter Paul Rubens (1577–1640) zu studieren. Es sei jedoch angemerkt, dass diese Meister meist Ocker und Zinnoberrot mit Weiß mischten, um zu einer lebendigen Farbe der menschlichen Haut zu gelangen. Peter Paul Rubens als Meister der Hautfarbe, auf dessen Bilder nackte Körper geradezu in den Raum fließen (was nicht nur seine Zeitgenossen teilweise bis zur Bilderstürmerei erregte), wurde eingehend von Renoir, Cézanne und Kokoschka studiert. Besonders interessierte diese Maler, wie Rubens bestimmte Töne der Hautfarbe erreichte. Für Delacroix war Rubens der Held der Farbe, speziell des emotionalen Gebrauchs der verschiedenen Farbtönungen.

Als Rubens von seinem französischen Freund Peirese gebeten wurde, einen Aufsatz über die Farbe zu schreiben, antwortete er, dass er die Farbe nie als Problem empfunden hätte.[8]

Peter Paul Rubens: Merkur (1636–38), Museo del Prado, Madrid

Rudolf Steiners Ordnung der Bildfarben

■■■ *Übung 24: Steiners Ordnung der Bildfarben*

■■■ Um uns noch einmal Steiners Ordnung der Bildfarben anzuschauen, malen wir den unteren Kreis wie angegeben aus:

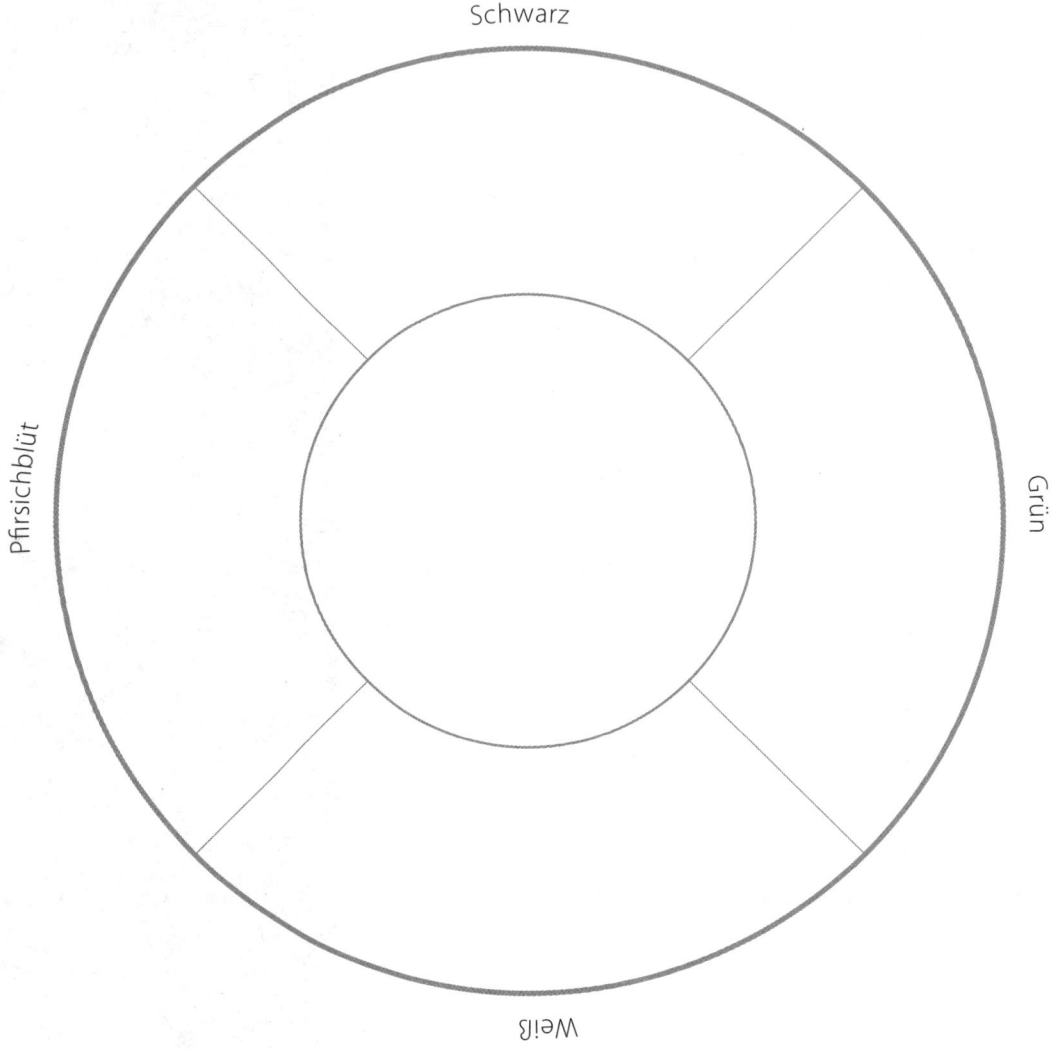

Schwarz

Pfirsichblüt

Grün

Weiß

■■■ Die ruhigen Bildfarben lassen sich in einem Farbenkreis anordnen, während solch eine Ordnung der Natur der Glanzfarben widerspricht. Sie sind zu individuell und wollen ihr Wesen allein zum Ausdruck bringen.

»Ich habe die Farben Schwarz, Weiß, Grün, Pfirsichblüt Bilder, Bildfarben genannt. Ich nenne die Farben Gelb, Rot, Blau: Glanze, Glanzfarben. Schwarz, Weiß, Grün, Pfirsichblüt entstehen als Bilder. Im Gelb, Blau, Rot erglänzen die Dinge; sie zeigen ihre Oberfläche nach außen, sie erglänzen. Das ist das Wesen, und das ist der Unterschied im Farbigen:
Schwarz, Weiß, Grün, Pfirsichblüt haben Bildcharakter, sie bilden etwas ab. Im Gelb, Blau und Rot erglänzt etwas.«

Rudolf Steiner

Rudolf Steiners Ordnung der Glanzfarben

Gelb

- ■ Malen Sie den Kreis rechts mit einem reinen Gelb aus. Nehmen Sie sich Zeit dazu. Fühlen Sie sich in das Gelb ein.

- ■ Was fällt Ihnen als Eigenschaft des Gelben auf?

Gelb will ausstrahlen, es will nicht begrenzt werden. Gelb als dem Licht am nächsten stehende bunte Farbe ist der Glanz des Geistes, wie Weiß als dem Licht am nächsten stehende (unbunte) Bildfarbe das Bild des Geistes darstellt.

Auf unserer Fläche will das Gelb in der Mitte stark und gesättigt sein, dann zum Rand hin auslaufen und ausstrahlen.

- ■ Das Wesen von Gelb kann man am besten auf Aquarellpapier darstellen, das man gut aufspannt und nässt, indem man einen Tropfen gelber Aquarellfarbe auf dieses Papier gibt und ihn sich ausbreiten lässt. Wegen seines ausstrahlenden Charakters kann man Gelb schwerlich in einer begrenzten Fläche fixieren. Will man eine Fläche mit scharfen farblichen Konturen gelb fixieren, greift man traditionell zum Gold, der Steigerung des Gelb.

- ■ Malen Sie den Kreis rechts mit Gold aus.
  Betrachten Sie sich bitte den Unterschied zu Gelb (Übung 25).

Gelb wird von vielen Völkern – besonders von Wüstenvölkern – als die Farbe der Erde angesehen (z.B. im Buddhismus), was uns zeigt, wie stark das Farbempfinden von der Landschaft abhängt, in welcher der Empfindende lebt.

Die Alchemisten sahen als Vollendung der Erde das Gold »Aurum« an, das sie mit der Farbe Gelb symbolisierten.

Matthias Grünewald:
Auferstehung Christi (um 1513/15)
Teil des Isenheimer Altars,
Musée d'Unterlinden, Colmar

- ■ *Übung 25: Gelb will strahlen*

- ■ *Übung 26: Gold*

Blau

■ *Übung 27: Blau I*

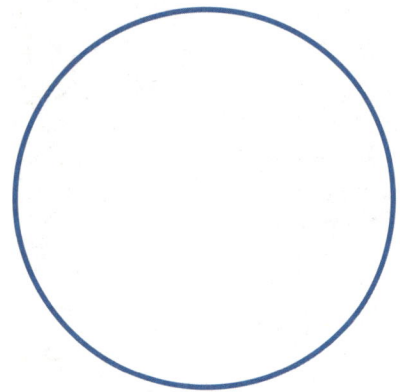

■ Stellen Sie sich vor Ihrem inneren Auge die Farbe Blau vor. Versuchen Sie, sich in dieses Blau hineinfallen zu lassen. Dann malen Sie den folgenden Kreis derart mit Blau aus, dass der Charakter dieser Farbe am besten ausgedrückt wird. Werden Sie ganz eins mit dieser Farbe, die Sie Schicht um Schicht auftragen.

Blau stellt den Gegenpol zum Gelb dar, denn es strahlt nach innen. So fordert das Blau als formbildende Farbe, dass wir es am Rand sättigen und nach innen dünner werden lassen.

■ *Übung 28: Blau II*

■ Versuchen Sie dementsprechend die folgende Fläche mit einem reinen Blau auszumalen.

Stundenbuch des Duc de Berry, Kalenderblatt für Januar, 15. Jahrhundert

Eine solche Fläche gleichmäßig mit Blau zu kolorieren, ist weitgehend unmöglich, was unter anderem am Malmittel liegt. Fra Angelico (1395–1455) ist dies in seinen Bildern gut gelungen, ebenso den Gebrüdern Limburg wie das Bild links zeigt. Sie werden mit Ihrem Farbstift vielleicht Schwierigkeiten haben.

Ein gleichmäßiges Blau setzt einen gleichmäßigen Druck auf den Farbstift voraus. Da dieser normalerweise schwankt, führt das bei Blau zu auffallenden Unregelmäßigkeiten, da Blau auf Unterschiede der Farbsättigung und Helligkeit und Dunkelheit stark reagiert.

Blau ist der Glanz des Seelischen, deswegen trägt Maria den blauen Himmelsmantel: Die Anima zeigt sich den Frauen wie Männern in Blau.

Rot

■ Kolorieren Sie den Kreis rechts rot, nachdem Sie sich einige Zeit auf Rot konzentrierten. Malen Sie aus Ihrem Gefühl heraus.

Rot ist diejenige Farbe, auf die Kinder in aller Welt vor allen anderen Farben positiv reagieren. In der Farbsymbolik wird Rot als eine aktive Farbe angesehen, die weltweit den Kriegsgöttern zugeordnet wurde. Es ist als Farbe von Feuer und Blut auch jene der Leidenschaften und der Liebe.

»Das Rot, das wir uns neben Gelb und Blau in seiner vollen Kraft als Purpur vorstellen müssen, hält die Mitte zwischen beiden. Es will weder ausstrahlen, noch sich stauen; es will sich gleichmäßig auf der Fläche ausbreiten. Das Rot wird uns besonders deutlich, wenn wir es vom Pfirsichblüt unterscheiden, in dem es als Schein enthalten ist. Das Pfirsichblüt strebt auseinander, will sich verdünnen, sich auflösen. Das Rot behauptet sich kraftvoll. Das Rot ist der Glanz des Lebendigen als das gleichmäßige Erfülltsein des Raumes.« Rudolf Steiner

■ *Übung 29: Rot*

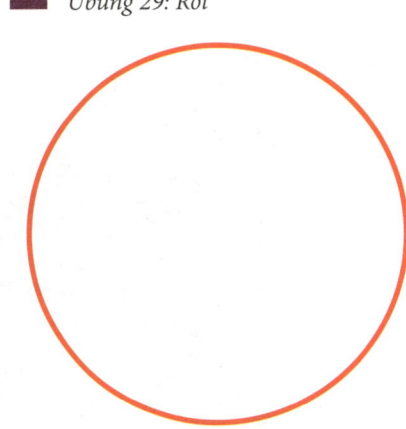

Fra Angelico: Maria Verkündigung, (ca. 1426) Museo del Prado, Madrid

Stundenbuch des Duc de Berry,
Die Taufe des Jesus von Nazareth durch Johannes den Täufer, spätes 15. Jahrhundert

Die Farbenperspektive

Wie die Form, so kann auch die Farbe Perspektive ausdrücken. Das haben wir weiter oben beim Ausmalen der drei Kreise bemerkt: Gelb kommt nach vorne (Übung 25), Blau tritt in den Hintergrund (Übung 27) und Rot liegt in der Mitte (Übung 29). Diese Erkenntnis prägte in diesem Jahrhundert besonders Mondrians Werk, der Raum durch die Beziehung von Farbflächen zueinander ausdrückt.

Beim Betrachten der Bilder des 14. und frühen 15. Jahrhunderts fällt auf, dass selbst dann die Farbenperspektive noch benutzt wurde, als die Linienperspektive schon vorherrschte. In der frühen Renaissance wurde die Linienperspektive von Paolo Uccello (1397–1475) und Pierro della Francesca (um 1420/22–1492) entwickelt. Sie war dazu bestimmt, im Laufe der Geschichte die Farbenperspektive der alten Malerei zu verdrängen.

Piero della Francesca: Madonna mit Kind und Heiligen (um 1472–74) Pinacoteca di Brera, Mailand

Bei der Farbenperspektive wird im Vordergrund das Geistige dargestellt (Heiligenfiguren zum Beispiel), im Mittelgrund die bürgerliche Kultur der Stadt (rötlich) und im Hintergrund bläulich die Natur mit Bergen, aus denen oft ein Fluss herabfließt. Den Übergang zwischen Mittelgrund und Vordergrund bildet häufig ein Grünton wie Bäume, Wiese … wie im Bild auf der linken Seite zu sehen.

Steiner betont, wie die Glanzfarben ein ideales Medium zur Perspektivbildung darstellen. Zur Zeit der Renaissance wurde die Farbperspektive durch die Linienperspektive erst ergänzt und dann ersetzt. Zuvor wurde der Vordergrund in warmen Farben gehalten oder mit Gelb leicht lasiert und der Hintergrund wurde von kalten Farben dominiert oder leicht blau lasiert.

Dass Blau die Farbe des Hintergrunds bildet, zeigt sich deutlich in der Natur: Entfernte Gegenstände erscheinen dem Beobachter bläulich und heller, als sie es wirklich sind. So weisen Berge in der Ferne stets einen leicht bläulichen Ton auf, was an der starken Streuung des blauen Lichts liegt. Man nennt dieses Phänomen wissenschaftlich: »atmosphärische Streuung« oder »atmosphärische Perspektive«.[9]

■ Malen Sie den Kreis auf der folgenden Seite (Übung 30) so aus, dass zunächst die innere Fläche leer bleibt. Dort vermischen sich später alle Farben zu einem Grauton, über den ein Rot lasiert wird, so dass Pfirsichblüt entsteht. Den einen Teil des Kreises bildet ein blauer Rand, der als formenbildende Farbe sich nach außen konzentriert begrenzt, nach innen im Zartblau ausläuft.

Gegenüber dem Schwerpunkt von Blau liegt Gelb, das sich zum Orange und Rot verdichtet und zum Blau hin ausstrahlt, um sich dort zu Grün zu mischen. Zwischen Orange, Rot und Blau entsteht Violett, welches das angrenzende Blau verdunkelt und auf der anderen Seite das Rot ins Rotblau erhöht.

Versuchen Sie dies auf irgendeine Weise – es gibt unendlich viele Möglichkeiten – in den Kreis zu bannen, so dass dieser Kreis völlig ausgemalt ist. Das geht erstaunlich gut mit Buntstiften; bei Aquarellfarben sollte man lasierend malen und die Geduld aufbringen, die Farben vor dem neuen übermalenden Farbauftrag abtrocknen zu lassen, so dass man sie gut übereinander legen kann.

■ Beim Malen dieses Bildes können Sie vieles über Steiners Farbauffassung erleben und lernen.

■ In der Abbildung rechts sehen Sie eine Möglichkeit unter vielen, diese Farbenwoge darzustellen. Das Bild wurde aquarelliert.

Skizzenbuch: Farbenwoge

Zusammenfassung: Der Farbenkreis Steiners

Von der Bildfarbe Pfirsichblüt aus folgen die drei warmen Glanzfarben Rot, Orange und Gelb, um wieder in die Schattenfarbe Grün als Bildfarbe zu führen. Von dort aus folgen die drei Glanzfarben der kalten Seite des Spektrums, um wieder zum Inkarnat als Bildfarbe zu gelangen. Hierbei haben wir zwei Schwingungen vom Seelischen (Pfirsichblüt) zum Leben (Grün) ausgedrückt.

Durch die Farbe Pfirsichblüt sind auch Schwarz und Weiß indirekt in den Farbenkreis aufgenommen.

Übung 30: Farbenwoge

Henri Matisse: Lebensfreude (1905)
The Barnes Foundation, Merion, Pennsylvania

Der rationale zwölfteilige Farbenkreis

■■ Zur Einführung in den zwölfteiligen Farbenkreis malen Sie den folgenden Kreis aus und versenken Sie sich in ihn.

■■ *Übung 31: Der rationale zwölfteilige Farbenkreis I*

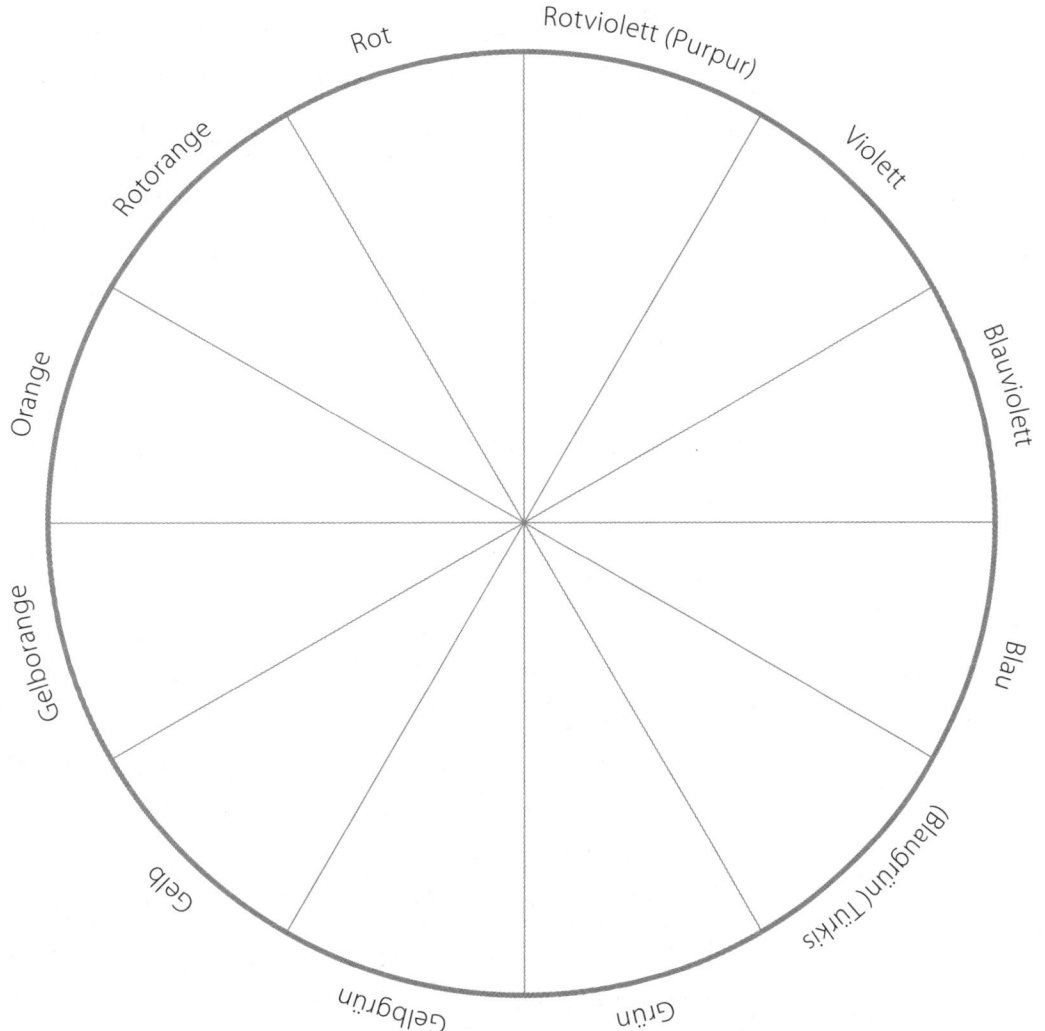

Dieser Farbenkreis stellt das Urbild des Lebensrads dar. Er entspricht dem Medizinrad der Indianer, dem Rad des Lebens im Tarot und ist ein Symbol des kosmischen Raumes und der Schöpfungszyklen. Seine Zwölfteilung entspricht beispielsweise den zwölf Zeichen des Zodiaks, den zwölf Monaten und den zwölf Jüngern Christi. Diese Zwölfteilung geht auf das frühe Persertum zurück, das zwölf Tierkreisgottheiten unterschied. Dabei gab es sechs lichte und sechs dunkle Gottheiten, wie im Farbkreis von sechs Farben als Repräsentanten des Lichtes und sechs Farben als Repräsentanten der Finsternis gesprochen werden kann. Im Tarot stellt die Zwölf den Gehängten dar, denjenigen, der die andere Perspektive sehen kann.

In der heutigen Zeit hat das Zwölfersystem noch im Dutzend überlebt.

Der rationale zwölfteilige Farbenkreis wurde von Eugène Delacroix und Adolf Hölzel untersucht und benutzt. Er ist aus dem sechsteiligen Farbenkreis entstanden, indem aus zwei benachbarten Farben des sechsteiligen Farbenkreises eine Zwischenfarbe gemischt wurde.

Dieser Farbenkreis ist rational, da nach mathematischen Verhältnissen gemischt wird, so dass alle Farben den gleichen Abstand von ihren Nachbarfarben haben. Das bedeutet, dass jede Farbe je fünfzig Prozent Farbanteile ihrer beiden Nachbarfarben enthält. So wird beispielsweise Gelbgrün genau aus fünfzig Prozent Gelb und fünfzig Prozent Grün gemischt. Für das Ausmalen hier im Buch genügt jedoch das Augenmaß. Ihnen werden größere Ungenauigkeiten bei der Mischung sofort auffallen, wenn Sie den gesamten Farbenkreis betrachten.

Ihnen ist es wahrscheinlich nicht gelungen, den Farben genau gleiche Abstände von einander zu geben. Das liegt daran, dass es uns schwer fällt, genau so große Farbabstufungen auf der dunklen, rechten Seite des Farbenkreises zu sehen, wie auf seiner hellen, linken Seite.

Ein exakter Farbenkreis setzt exakte Mischvorgänge voraus. Heutzutage gibt es jedoch Tinten und Aquarellfarben, die völlig verflüssigt sind (z.B. Rotring Artist Color) und die man mit einer Mischpipette exakt mischen kann. Mit diesen Farben können Sie allerdings nicht auf dem Papier des Buches hier malen, da sie stark durchschlagen.

Aus der rationalen Einteilung dieses zwölfteiligen Farbenkreises folgt ferner, dass sich die Komplementärfarben gegenüberliegen und Farben gleicher Mischungsstufe auf den Spitzen eines gleichseitigen Dreiecks liegen.

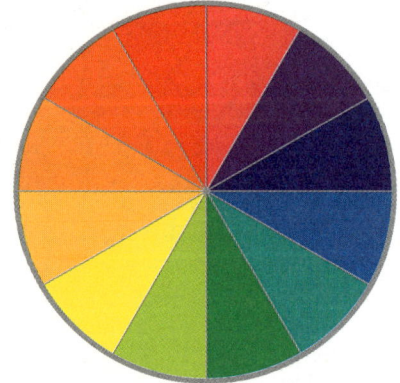

Malen Sie den unteren Farbenkreis so genau wie möglich durch Mischung aus, dann werden Sie alle diese Gesetze des zwölfteiligen Farbenkreises erfüllt sehen.

Versuchen Sie diesmal, die Farbübergänge fließend zu gestalten.

Übung 32: Der rationale zwölfteilige Farbenkreis II

Das System der zwölf Farben			
1. Dreieck (rot)			
Rot	Gelb	Blau	Grundfarben
2. Dreieck (gelb)			
Grün	Violett	Orange	Sekundärfarben
3. Dreieck (blau)			
Gelborange	Türkis	Blaurot	Tertiärfarben 1
4. Dreieck (grün)			
Blauviolett	Rotorange	Gelbgrün	Tertiärfarben 2

Tertiärfarbe 1: Grundfarbe wird mit vorangehender Sekundärfarbe gemischt.
Tertiärfarbe 2: Grundfarbe wird mit nachfolgender Sekundärfarbe gemischt.

Wenn Sie – wie bei der Abbildung auf Seite 84 – das erste Dreieck rot malen,[10] das die Grundfarben verbindet, das zweite Dreieck gelb, das die Sekundärfarben verbindet, das dritte Dreieck blau, das die erste Gruppe der Tertiärfarben verbindet (Gelborange, Türkis, Blaurot), und das vierte Dreieck grün, das die letzten drei Farben verbindet, so kommen Sie zu nebenstehender Farbtabelle.

Moni Obser: Der rationale zwölfteilige Farbenkreis

Diese Farbtabelle zeigt deutlich, dass der zwölfteilige Farbenkreis auf dem ordnenden Prinzip 3 mal 4 – nämlich 4 gleichseitige Dreiecke – aufgebaut ist. Die Zahl 3 als Zahl der göttlichen Trinität verbindet sich mit der Zahl 4, dem Quaternitätssymbol nach C.G. Jung (die Zahl der menschlichen Vollendung). Dieser zwölfteilige Farbenkreis spiegelt in seiner inneren Struktur eine Vollendung auf spiritueller und menschlicher Ebene wider. Die ersten beiden Farbenreihen (Grundfarben und Sekundärfarben) bilden sowohl von den Zeilen (Mischvorgänge) als auch von den Spalten (Komplementarität) her eine in sich geschlossene Harmonie. Bei den letzten beiden Farbreihen (Tertiärfarben I und II) herrscht das gleiche Verhältnis vor. In jeder Zeile steht immer eine warme, eine kalte und eine laue Farbe.

Die in der folgenden Tabelle dargestellten Temperatureigenschaften der Farben stellen ein in sich geschlossenes, stimmiges Temperaturzuordnungssystem dar. Objektiv ist, dass warme Farben im Organismus Energie aufbauen, also Wärme erzeugen, wohingegen kalte Farben auf die Dauer zumindest Energie abbauen.

Von diesem System gibt es besonders bei Kindern und geisteskranken Menschen individuelle Abweichungen. Sie bezeichnen nämlich oft jene Farbe als warm, die ihre Lieblingsfarbe ist.

Temperatureigenschaften der Farben

warm	lau	kalt
Gelb	Rot	Blau
Orange	Grün	Violett
Gelborange	Türkis	Blaurot
Rotorange	Gelbgrün	Blauviolett

Der Temperaturunterschied zwischen den warmen und kalten Farben ist objektiv messbar. Der deutsch-englische Astronom William Herschel (1738–1822) wies diesen Temperaturunterschied 1800 nach, indem er mit einem Thermometer die Temperatur der einzelnen Farben des Spektrum maß. Violett an dem einen Ende des Spektrums wies die niedrigste Temperatur auf und Rot die höchste. Herschel fand heraus, dass je länger die Wellenlänge des farbigen Lichts ist, desto kälter ist es und je kürzer seine Wellenlänge, um so wärmer ist es. Goethes Unterscheidung von warmen und kalten Farben war so objektiv bewiesen.

Ich möchte Sie jetzt auf zwei Krisenstellen beim Malen eines Farbenkreises aufmerksam machen:

■ der Übergang von Gelb nach Grün,
■ die Übergänge im Violett.

Beide Übergänge sind äußerst schwer gleichmäßig zu gestalten:

Anscheinend hat jeder Schwierigkeiten mit diesen beiden Stellen. Natürlich gehen einerseits die Farben des Farbenkreises regelmäßig ineinander über, andererseits weisen die Farben Unregelmäßigkeiten auf. Mich erinnert dies an das Zahlensystem, bei dem der regelmäßigen Abfolge der natürlichen Zahlen Unregelmäßigkeiten entgegenstehen wie zum Beispiel bei der Verteilung der Primzahlen.

Beim Gelb-Grün-Übergang stehen sich Licht- und Finsternisfarbe (Gelb – Blau) gegenüber, Urgegensätze werden gemischt. Pigmentfarben und Malmittel, die wir beim Ausmalen benutzen, unterstützen die Finsternisfarben auf Kosten der warmen Farben. Gelb hat es nicht leicht, gleitend das Blau in sich aufzunehmen.

Psychologisch betrachtet bezeichnet Grün eine hohe Stufe des Individuationsweges, wo Licht und Finsternis sich mischen (integriert werden). Es wird hier nach Jung die Integrierung des Schattens angesprochen.

Das Problem bei Violett liegt darin, dass Violett als die geheimnisvollste Farbe anzusehen ist. Viele Farbtheoretiker wie zum Beispiel der einflussreiche englische Farbtheoretiker Robert Hunt[11] sehen Violett als Farbe des Unendlichen an, als Farbe, die vom sichtbaren in den unsichtbaren Bereich hinüberführt (Ultraviolett). Diese Farbe ist dem Tod verwandt. Es trennt uns nur wenig vom direkten Blick auf die Finsternis. Der Anblick der Finsternis ist jedoch schwer zu ertragen, denn dabei werden wir mit unserem Schatten konfrontiert. Indigo (Blauviolett) führt nach Hunt, der hier den Ideen des »Totenbuches der Tibeter« unbewusst folgt, in die wahre Realität des Lebens ein.[12]

Wissenschaftlich betrachtet zeigt sich an den Problemen mit Farbübergängen im dunkelsten Bereich des Spektrums, dass wir in diesen Bereichen die geringste Sensibilität für die Farbwahrnehmung besitzen.

Wie oft Sie auch Farbenkreise malen mögen, ein vollständig harmonischer Farbenkreis ohne Brüche wird Ihnen nicht gelingen. Das hängt unter anderem mit den Farbenreichweiten zusammen.

Gelb

■■ *Übung 33: Die Farben-
reichweite von Gelb*

■■ Malen Sie die folgende Fläche gelb aus, und mischen Sie auf der einen Seite Blau, auf der anderen Rot ein, wobei zum Zentrum hin beide zugemischten Anteile gen Null streben.

Blau   ➤   Gelb   ◄   Rot

Sie werden bemerken, dass Gelb eine geringe Farbenreichweite hat, das heißt, Gelb ändert bei der Zumischung von anderen Farben schnell seine Qualität. Es wird dann nicht mehr als Gelb empfunden, sondern als Orange oder Hellgrün.

Grün

■■ *Übung 34: Die Farben-
reichweite von Grün*

■■ Malen Sie die folgende Fläche grün aus und mischen Sie auf der einen Seite Gelb, auf der anderen Blau ein.

Gelb   ➤   Grün   ◄   Blau

Wie Sie sehen, hat Grün im Vergleich zu Gelb eine wesentlich größere Farbenreichweite. Es verliert bei Zumischung anderer Farben viel langsamer seinen Charakter.

Orange, Blau, Violett

Welche Farbenreichweiten erwarten Sie bei Orange?

Orange und Violett haben eine große Farbenreichweite, Blau dagegen eine kleinere. Bei Blau kommt es allerdings auf den exakten Helligkeitsgrad an, denn Blau weist den größten Hell-dunkel-Umfang aller Farben auf.

Durch die unterschiedlichen Farbreichweiten wirkt selbst ein computergemischter Farbenkreis nicht völlig harmonisch. Das liegt allerdings auch daran, dass das menschliche Auge zunächst auf Helligkeit und Dunkelheit reagiert. Es wird von der hellen Seite des Farbenkreises angezogen. Es will bei den warmen Farben verweilen und die kalten, zurücktretenden Farben meiden. Diese Unregelmäßigkeiten in der regelmäßigen Struktur des Farbenkreises bringen Leben in die Farben, denn Leben setzt Spannung und Komplexität voraus.

Um die Unregelmäßigkeiten des Farbenkreises zu verdeutlichen, bietet sich eine Meditation auf die Farbe Grün an. Grün wird nämlich von vielen Individuen unserer Kultur als auch besonders von fernöstlichen Kulturen als die vierte Grundfarbe angesehen.

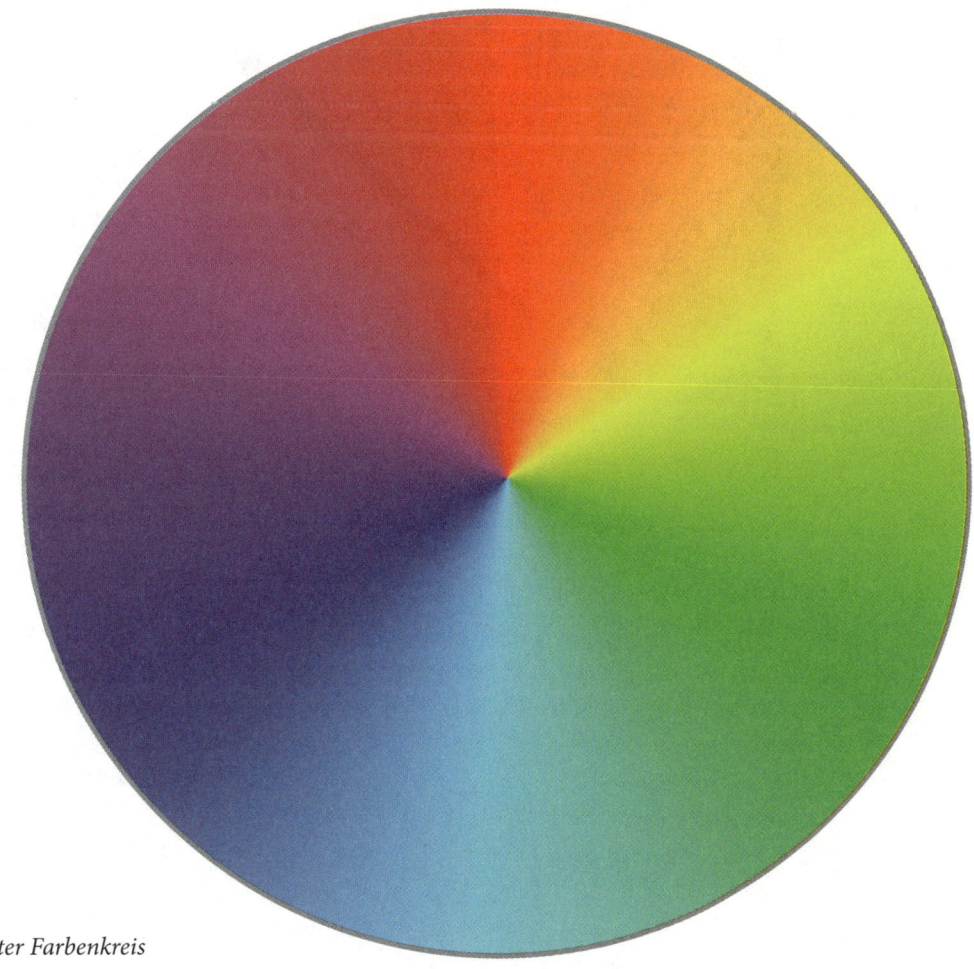

am Computer hergestellter Farbenkreis

Moni Obser: Studie nach Wassily Kandinsky

Farbenkreisinspirierte Modelle des Bauhauses

Das Bauhaus war eine weltberühmte Schule für Architektur, bildende Kunst und Kunsthandwerk in Berlin und Dessau (ab 1925), die 1919 von dem Architekten Walter Gropius in Wien gegründet wurde. 1933 wurde das Bauhaus von den Nationalsozialisten geschlossen. Das Ziel des Bauhauses bestand in der Förderung einer neuen Sachlichkeit und Zweckmäßigkeit in der Kunst und im Kunsthandwerk. In der Malerei hatten sich die Bauhauslehrer zentral zum Ziel gesetzt, die Farbe systematisch zu erforschen.

Fenster des Bauhauses Dessau,
Foto: Klausbernd Vollmar

Der Geist des Bauhauses zog Künstler wie Wassily Kandinsky, Paul Klee, Johannes Itten, Josef Albers und Laszlo Moholy-Nagy (1895–1946) an, die alle am Bauhaus unter anderem Farbenlehre lehrten.

Kandinsky, Klee und Itten, die sich im Bauhaus hauptsächlich mit Farbe beschäftigt haben, beziehen sich auf Goethes Farbenlehre und erweitern sie mit ihren Untersuchungen zum Verhältnis von Farben und Formen.

Das Ziel der Bauhauslehrer bestand darin, die Farbe logisch gemäß ihrer Eigenschaft im Design, der Architektur und Kunst einzusetzen. Sie benutzten die Farbe in der Kunst nicht zur Abbildung der Wirklichkeit, sondern um ein in sich stimmiges Farbsystem auszudrücken. Das Bauhaus erforschte weitgehend eine sinnvolle Anwendung der Farbe und deren Ausdruck.

Wassily Kandinsky (1866–1944)

»Jedes Kunstwerk entsteht technisch so, wie der Kosmos entstand. Werkschöpfung ist Weltschöpfung. Die Kunst ist kosmischen Gesetzen unterworfen, die durch die Intuition des Künstlers aufgedeckt werden.«   *Kandinsky*

Kandinsky

hatte neben Jura und Volkswirtschaft auch Ethnologie studiert. Eine Expedition brachte ihn zu Syrjanen, einem finno-ugrischen Volk von Rentierzüchtern, um dessen Rechtssystem zu studieren. Was ihn aber weitaus mehr als deren Rechtssystem interessierte, war die abstrakte Bemalung der Trommeln der Schamanen dieses arktischen Volks. Sie regte ihn dazu an, sich mit der Abstraktion in der Malerei zu beschäftigen.

Gabriele Münter,

die spätere Frau Kandinskys, war zunächst seine Schülerin.
Während eines Malkurses in der Oberpfalz verlobten sie sich heimlich. Sie reisten gemeinsam und 1908 zog Gabriele Münter zu Kandinsky nach Murnau.
Mit dieser Liebesbeziehung änderte sich Kandinskys Schaffen radikal. Von nun an begann er zusammen mit seiner Gefährtin Farben und Formen eigenständig zu betrachten und sich der abstrakten Malerei zuzuwenden.

Kandinsky war wie Paul Klee Mitglied der Künstlergruppe »Der blaue Reiter«, mit der er regelmäßig korrespondierte. Henri Matisse (1869–1954) hielt er für den Meister der Farben.

Ende 1911 veröffentlichte Kandinsky sein erstes theoretisches Buch »Über das Geistige in der Kunst«.[13] Das Manuskript zu diesem Buch hatte er bereits 1910 beendet, als er sein erstes ungegenständliches Bild malte. Kandinsky sieht von diesem Zeitpunkt seine Bilder als Farbmusik an. Zurückgehend auf Rudolf Steiner war Kandinsky der Ansicht, das alles, was Farbe, also ein Leuchtendes sei, auch zugleich ein Klingendes sei. Schon in Kandinskys Frühwerk fällt die elementare Kraft der Farben auf, die sich in seinen ungegenständlichen späteren Bildern zu rhythmischen Farbphantasien ordnen.

Der Künstler legte dabei speziellen Wert auf die Symbolsprache der Farbe: Gelb steht für Kandinsky für das Erdhafte und Erregende, Blau steht für den Himmel und den Frieden – ähnlich wie bei Marc Chagall.

Marc Chagall: Die Geschichte vom Ebenholzpferd (3), (1948)

Der Klang der sechs Farben nach Kandinsky

■■ Malen Sie die Abbildung unten wie angegeben aus.

Was ist neu im Vergleich zu den bisher gewohnten Farbkreisen?

■■ *Übung 35: Kandinskys Farben*

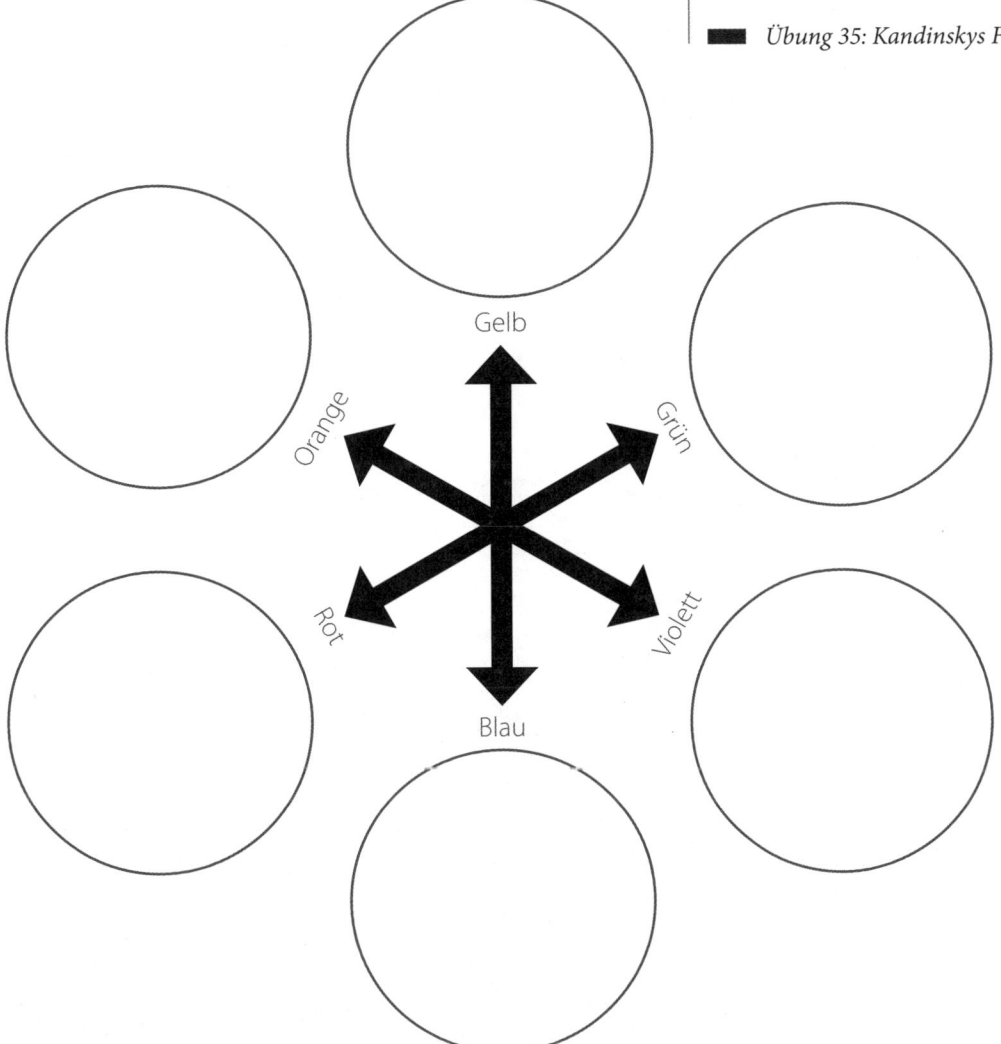

Lebt der Farbenkreis Goethes aus der Spannung zwischen Licht und Finsternis, so versteht Kandinsky seine Farbenfolge als »Leben der einfachen Farben zwischen Geburt und Tod«.

Kandinsky geht von den drei Grundfarben und den entsprechenden polaren Farben aus. Für ihn bauen die »harmonischen Spannungsverhältnisse« zwischen Grundfarbe und polarer Farbe den gesamten Farbenkosmos auf.

Kandinsky stellt diese Farbenfolge nicht als Farbenkreis dar. Dies ist bei seinem Farbenrhythmus nicht möglich. Die Farben gehen nicht ineinander über, das heißt, die Farbenordnung ist nicht rational.

■ *Übung 36: Gelb*

Gelb und Blau in Kandinskys Farbmodell

■ Malen Sie die folgenden Formen mit einem möglichst reinen Gelb aus.

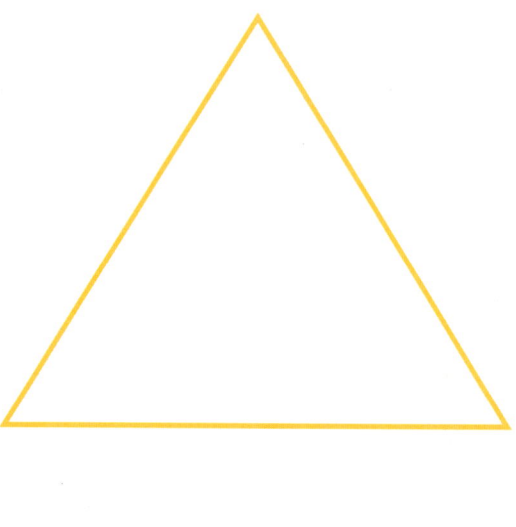

■ Was fällt Ihnen bei der Betrachtung des gelben Dreiecks auf?

Wie Goethe geht Kandinsky von der Urspannung der Farben Blau und Gelb aus. Gelb strahlt nach außen, es hat eine exzentrische Tendenz. Gelb als warme Farbe bewegt sich auf den Betrachter zu, es tritt in den Vordergrund. Helle Töne, insbesondere Gelb, treten auf dunklem (schwarzem) Grund gemäß ihrer Helligkeitsstufe hervor, auf weißem Grund können sie dagegen manchmal in den Hintergrund treten, da die dunklen Töne wie Blau deutlicher wirken.

■ *Übung 37: Blau*

■ Malen Sie den Kreis links blau aus und versuchen Sie, mit diesem Blau eins zu werden.

Blau bildet den gegensätzlichen Pol zu Gelb. Es hat eine konzentrische Tendenz, weicht von dem Betrachter zurück. Es zieht diesen in die Tiefe und absorbiert mehr, als es reflektiert. Deswegen wird es zu den kalten Farben gezählt.

■ Dazu eine kleine Übung: In der folgenden Abbildung finden Sie zwei Systeme konzentrischer Kreise. Sie malen diese konzentrischen Kreise so aus, dass bei dem einen im Mittelpunkt Blau (**A**) und beim anderen im Mittelpunkt Gelb (**B**) steht. Malen Sie die folgenden Ringe abwechselnd mit Gelb und Blau aus. Fokussieren Sie danach jedes dieser beiden Bilder eine Zeit lang. Machen Sie sich die unterschiedlichen räumlichen Eindrücke klar, die durch die beiden farbigen Figuren erzeugt werden.

Haben Sie sich lange genug diese beiden Abbildungen angeschaut, werden Sie bemerken, dass Sie nach einer Weile in Abbildung **A** eine Hohlform und in Abbildung **B** eine Kugelform sehen. Durch das blaue Zentrum tritt in Abbildung **A** die Mitte zurück und durch das gelbe Zentrum tritt in Abbildung **B** die Bildmitte in den Vordergrund. Achten Sie darauf, dass beim Ausmalen keine »Wölkcheneffekte« entstehen. Streichen Sie die Flächen gleichmäßig an, zeigt sich der räumliche Effekt am deutlichsten.

Rot in Kandinskys Farbmodell

■ Malen Sie das Quadrat in Übung 39 mit einem reinen Rot aus. Fixieren Sie Ihre Augen für einige Minuten starr auf dieses rote Quadrat. Was sehen Sie?

Kandinsky betont, dass im Rot die Bewegung in sich ruht. Die zentrifugale Bewegung des Gelb und die zentripetale des Blau haben sich in einer inneren Bewegung ausgeglichen. Auch vom Temperaturempfinden liegt Rot zwischen dem kalten Blau und dem warmen Gelb – abweichend von den realen Temperaturmessungen seit Herschel, dort ist Rot die wärmste Farbe.

Rot, die Farbe des Feuers, als laue Farbe zu bezeichnen, scheint mir nicht passend zu sein. Diese Charakterisierung von Rot hat sich nicht durchgesetzt, wenn sie auch im System Kandinskys logisch erscheint. Rot erscheint zu oft als wärmendes Rot, wie beispielsweise in der Pflanzenwelt das Blumenrot (Anthokyan), das Anemonen als Schutz gegen Nachtfröste erzeugen. Dieser rote Farbstoff schützt die Pflanzen vor Erfrierungen.

■ *Übung 38: Gelb und Blau*

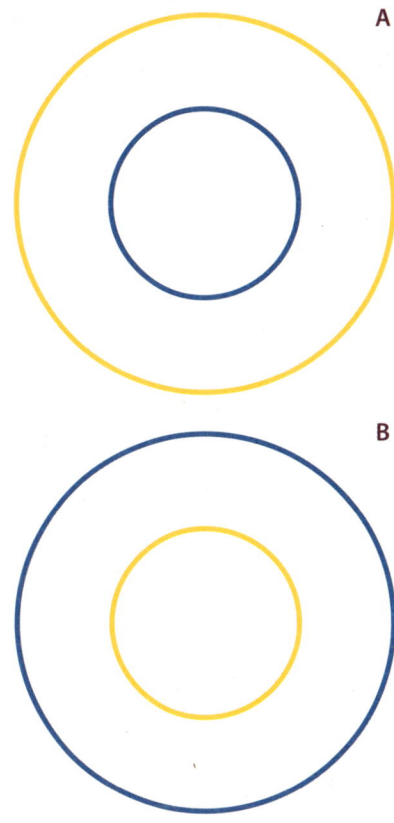

■ *Übung 39: Rot*

Paul Klee (1879–1940)

Moni Obser: Studie nach Paul Klee

»*Jede Farbe beginnt aus ihrem Nichts, das ist der Nachbargipfel, erst ganz leise steigert sie sich zu ihrem Gipfel, um von da an wieder langsam in ihr Nichts zu verklingen, das ist der Nachbargipfel.*«
Paul Klee

Paul Klee

hatte es nicht leicht: Als Sohn einer Musikerfamilie war er sowohl musikalisch hochbegabt wie auch im Zeichnen und Malen. Als er sich für die Malerei entschied, zeigte sich wieder sein komplexes Talent: den einen war er ein Expressionist, den anderen ein Surrealist – als Kubist und Konstruktivist wurde er ebenfalls bezeichnet.

Welcher Kunstrichtung er auch zuzuordnen ist, eines ist ohne Zweifel: Klee betrachtete zeitlebens seine Malerei als musikalische Kompositionen.

Am Bauhaus musizierte Paul Klee unter anderen regelmäßig mit Kandinsky.

Klees Lehrmeister in Sachen Farbe waren Delaunay und Matisse. Besonders von Matisse gibt es viele geistreiche und zugleich ironische Aussprüche über die Farbe, von denen ich hier nur einen anführen möchte:

Man kann das Reich der Farbe nicht wie durch ein Scheunentor betreten.

In den frühen Bildern ist Klees Farbgebung spontan und emotional. Hier gefallen mir am besten die auf der Tunisreise entstandenen Landschaftsaquarelle. Die Betrachtung dieser Aquarelle lohnt sich speziell, wenn man die Durchlichtung der Malfarbe studieren möchte.

Von 1921 bis 1931 arbeitet Klee am Bauhaus über die Farbe und entwickelt seine Farbtheorie. Diese Periode würde ich mit »klare Formen und reine Farben« charakterisieren.

Farbe und ihre Steigerung zum dissonanten Klang

▬ Klee betont die Bewegung der Farben, die er teilweise auf seinen Bildern durch einen Pfeil andeutet.
Um Klees Modell des Farbablaufes zu verstehen, malen Sie bitte die Abbildung in Übung 40 aus. Versuchen Sie, sich in dieses Modell hineinzuversetzen.

▬ *Übung 40: Klees Modell des Farbenverlaufes*

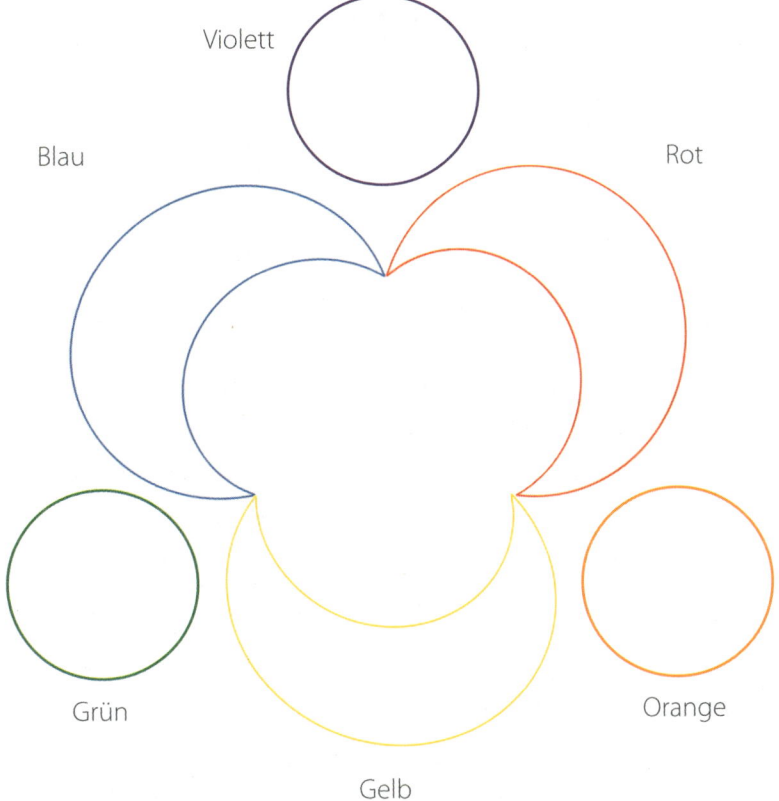

»*Das letzte Drittel (der Halbmond-formen) bleibt jeweils frei: blaufrei, gelbfrei oder rotfrei. Und zwar liegt das blaufreie Drittel zwischen den beiden Gipfelpunkten von Gelb und Rot und das gelbfreie Drittel zwischen den beiden Gipfelpunkten Blau und Rot und das rotfreie Drittel zwischen dem blauen und gelben Gipfel. Es bleibt also jeder Gipfel, jeder Kulminationspunkt auf einen Moment hin frei von dem Farbeinfluss der beiden Nachbargipfel. Und so kann ich also jetzt nicht nur sagen: Rot ist nicht Grün, sondern auch Rot ist nicht Blau und nicht Gelb, wenn es auch bläulich und gelblich sein kann.*«

Paul Klee

Das Gleiche kann auch im Farbendreieck dargestellt werden, wobei jedoch die Dynamik der Farbe nicht so deutlich zum Ausdruck kommt wie in der vorigen Darstellungsweise – Klee selber verwendete beide Darstellungsweisen.

Farbendreieck nach Klee

Am ersten Modell des Farbenverlaufes (Übung 40) können Sie die Farbenreichweite bestimmen. Klee geht davon aus, dass die Grundfarben Blau, Gelb und Rot auf dem Kreisumfang des Farbenkreises eine Reichweite von je 2/3 aufweisen. Dies ist eine theoretisch angenommene Farbenreichweite, der optische Eindruck entspricht dem nicht.

■ *Übung 41: Klees Rot*

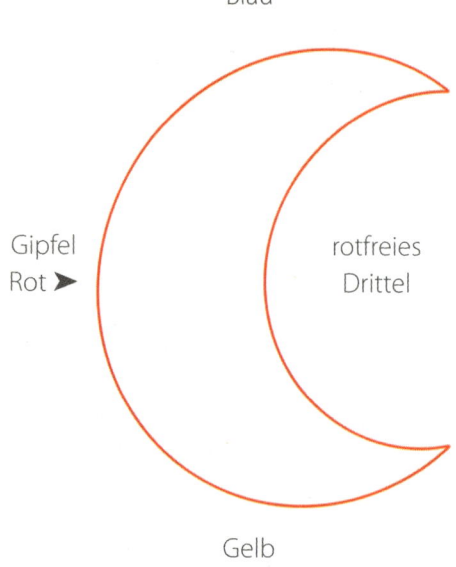

Blau

Gipfel Rot ➤

rotfreies Drittel

Gelb

■ Wir können dies an Übung 41 verdeutlichen.
Malen Sie die Abbildung links derart aus, dass Sie zuerst den gesamten Halbmond mit einem dünnen Rot ausmalen, dann von oben, der kalten Seite, Blau einfließen lassen und von unten, dem warmen Pol, Gelb.

Klee meint, Rot reicht bis zum Violett ins Blau und bis zum Orange ins Gelb hinein. Bei Rot können wir von unserem natürlichen Farbempfinden her diese große Reichweite nachempfinden.
Nun schauen Sie sich diese Ansicht aufs Gelb bezogen an:

■ *Übung 42: Klees Gelb*

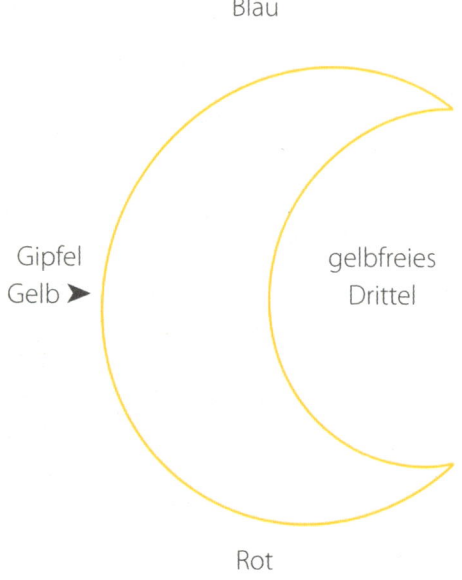

Blau

Gipfel Gelb ➤

gelbfreies Drittel

Rot

■ Kolorieren Sie in Übung 42 den Halbmond mit der Farbe Gelb und lassen Sie dann von oben Blau und von unten Rot einfließen.
Haben Sie an jeder Stelle des Halbmondes die Farbvorstellung Gelb?

Sie können beobachten, dass für Ihr Empfinden Gelb schnell zum kalten Pol hin in den Grünbereich wechselt und zum warmen Pol hin schnell in den Farbbereich Orange. Ich zumindest sehe nur ein kleines Gebiet um den Farbgipfel herum als Gelb.

Die Empfindung der Farbreichweiten ist nicht nur subjektiv, sondern auch kulturabhängig. Sie beruht teilweise auf Konventionen der Sprache: so ist zum Beispiel für den englischsprachigen Menschen das Spektrum von Grün größer als für den deutschsprachigen und für Inder umfasst das Spektrum von Orange viele Töne, die Europäer als Gelb bezeichnen würden.

Beschluss

Einige Aspekte der Farbe erwähnte ich in dieser Einführung nur am Rande oder gar nicht. Antworten auf speziellere Fragen beispielsweise zu den Pigmenten, der Kunstgeschichte, der Chemie der Farbrezeptoren und dem großen Bereich der Physik des Sehens finden Sie in dem nun folgenden Lexikon der Fachbegriffe der Welt der Farben.

Nachdem Sie das Wesen der Farben erkundet und erlebt haben, können Sie sich nun den mehr theoretischen Ausführungen der einzelnen Lexikoneinträge zuwenden, ohne die Sinnlichkeit der Farbe zu vergessen. Das Lesen der Lexikoneinträge und die Übungen des ersten Teil dieses Buchs betrachten zwei Seiten der Farbe. Der sinnlichen und kulturgeschichtlichen Betrachtung der Farbe steht die reine naturwissenschaftliche Sicht gegenüber, die mit Interferenzen, Brechungsindizes und Peptid-Molekülen argumentiert.

Farbe ist beides: die der Künstler und jene der Quantenphysiker und Molekularbiologen. Jeder erlebt die Farbe anders gemäß seiner gewohnten Weltsicht. Er erlebt dabei zugleich einen anderen Aspekt des Phänomens der Farbe.

Ob wir uns der Farbe von den Naturwissenschaften, den Geisteswissenschaften oder Künsten her nähern, immer zeigt sich ihr harmonischer Aufbau – in der Ästhetik oder in klaren mathematischen Verhältnissen. Damit ähnelt die Farbe der Musik, was unsere Sprache mit Ausdrücken wie »Farbklang« und »Farbton« zum Beispiel betont. Kandinsky berichtet von synästhetischen Erfahrungen, bei denen er den Ton einer Farbe hörte. Einige Bauhausmaler musizierten zusammen und erlebten in der Welt der Musik Ähnliches wie beim Malen.

Im ersten Teil dieses Farbenbuchs war das emotionale Einlassen auf die Farbe gefragt, im folgenden zweiten Teil steht weitgehend die intellektuelle Analyse der Farbe und somit die Betrachtung der Farbe als Objekt im Vordergrund. So ergänzen sich Malübungen und Lexikon, um Ihnen eine möglichst ganzheitliche Sicht auf die Farben zu gewähren.

»Meine Lieblingsfarbe ist bunt.«

Walter Gropius

Arnold Böcklin: Liebespaar vor Buschwerk (1866)
Kunsthaus, Zürich

Lexikon

Unsere Welt ist bunt. Farben sind sinnliche Erscheinungen, die uns allerorten ansprechen oder abstoßen. Bei unserer Garderobe, in unserer Wohnung, auf der Straße, in Kunst und Werbung, in Natur und Film spielen sie eine wesentliche Rolle. Als solch ein vielfältiges und allgegenwärtiges Phänomen wurde die Farbe im Laufe der Geschichte aus unterschiedlichen Ansätzen und Blickpunkten untersucht. Dabei kam es zu einer Fülle von Spezialbegriffen, die dieses Lexikon dem Leser verständlich erklärt. Ich habe versucht, möglichst viele Aspekte des Zugangs zur Farbe zu berücksichtigen, so dass die Künstler, die Modebewussten, die Konsumenten von Gebrauchs- und Verbrauchsgütern, die Fotografen und die Drucker zum Beispiel neben den Erklärungen zu den Stichworten auch Anregungen finden, wie man Farbe neu verstehen und erleben kann und wie es mit dem Wesen der Farbe bestellt ist.

Wer sich genauer über bestimmte Aspekte der Farbe informieren möchte, der findet weitergehende Hinweise in den Fußnoten und in der Literatur des Literaturverzeichnisses am Ende dieses Buches.

Viel Spaß beim Blättern und Nachschlagen!

Ein Tipp zur Verwendung dieses Lexikons

Natürlich können Sie es wie ein konventionelles Lexikon benutzen und einzelne Stichworte nachschlagen, aber Sie können auch einfach eine beliebige Seite aufschlagen, den Eintrag lesen, auf den Ihr Blick fällt, und dann gemäß der Verweise weiterblättern und so dieses Lexikon als Einführung in die Sprache der Farbe nutzen.

»Ein Bild
– ob es ein Streitross, einen weiblichen Akt oder eine Szene darstellt – ist grundsätzlich eine Oberfläche, die mit Farben in einer bestimmten Anordnung bedeckt ist.«

Maurice Denis,
Credo der Künstlergruppe
»Nabis«

Moni Obser: Studie nach
Howard Hodgkin

ABSTRAKTER FORMALISMUS

Seit den fünfziger Jahren des 20. Jahrhunderts wandten sich zunehmend die bildenden Künstler dem Spiel mit Farben, Formen und Oberflächenstrukturen zu. Das Bild bezog sich auf sich selbst, ohne Bezüge zu einer Welt außerhalb seines Rahmens aufzuweisen. Vielfach wurde, wie in der Pop-Art, ein emotionaler Ausdruck vermieden. Mit dieser Haltung verbunden, trugen die Künstler die Farbe oftmals gleichmäßig auf, ohne dass ein Pinselstrich sichtbar ist. Teilweise wurde zum Farbauftrag die ➢ Spritzpistole benutzt. Bekannte Vertreter dieser Richtung sind Ellsworth Kelly (1923) und Frank Stella (1936). Kelly benutzt nur ungebrochene Primär- und Sekundärfarben. Ihm kommt es auf die Interaktion der Farbe an. Kelly wie Stella erzeugen eine intensive Farbwirkung durch die großen Formate ihrer Bilder.

ACRYLFARBEN

sind meist matt wirkende Farben aus Kunstharzbestandteilen. Sie sind wasserfest und können transparent bis deckend eingesetzt werden. Acrylfarben besitzen den Vorteil, preisgünstig zu sein.

Farben auf Acrylbasis wurden erstmalig 1950 in den USA industriell produziert. Zunächst wurden sie als Anstrichfarben und Industrielacke eingesetzt, ehe sie um 1960 von Künstlern entdeckt wurden. Die Vorreiter waren die mexikanischen Muralisten (Wandmaler) und die Ikonen der Pop-Kultur Roy Lichtenstein (1923–1997) und Andy Warhol (1928–1987), der die berühmten Suppendosen Campbells in Acryl malte. David Hockney (1937*) lobt wie viele moderne Künstler, dass die Acrylfarbe keine individuelle Handschrift des Malers zeigt. Dem schnellen Produktionsstil moderner Maler kommen Acrylfarben entgegen, da sie schnell abtrocknen.

ADAPTION

➢ **Auge**

Als Adaption wird jede biologische Anpassung bezeichnet. Für das Sehen und damit auch für die Farbwahrnehmung wird die automatische Einstellung des Lichteinfalls durch die Vergrößerung und Verkleinerung der Pupille als optische Adaption bezeichnet. Die Adaption ist ferner dafür verantwortlich, dass die Intensität einer Farbe ihre Wirkung verliert, je länger man diese Farbe betrachtet.

ADDITIVE MISCHUNG

➢ **Farbmischung**

Bei der additiven Farbmischung mischen sich die ➢ Lichtfarben Blau, Rot und Grün in der Weise, dass mit je-der Mischung die Farben mehr Helligkeit (➢ Licht) aufweisen. Alle Lichtfarben mischen sich zu Weiß aus (in etwa dem Sonnenlicht).

Den Gegensatz zur additiven Mischung stellt die ➢ subtraktive Mischung der ➢ Oberflächenfarben dar.

Physikalisch gesehen mischen sich bei der additiven Farbmischung mehrere farbige Lichter (Licht unterschiedlicher spektraler Zusammensetzung, das heißt unterschiedlicher ➢ Wellenlängen). Die Addition dieser Farblichter wird vektoriell im Farbraum dargestellt (Vektoraddition – der Anteil der drei ➢ Grundfarben wird vektoriell dargestellt und verrechnet).

ÄGYPTISCHBLAU

auch als »Pompejanischblau« bekannt.

Es ist ein Kupferkalziumsilikat. Dieses in der Antike beliebte Blaupigment erwähnt Plinius in seiner Naturgeschichte als *puteolanum*. Es wurde speziell bei antiken Wandbildern gebraucht. Wegen seiner Lichtbeständigkeit wird es heute noch in Deutschland und Frankreich hergestellt. Mit Ägyptischblau waren die Decken und Sarkophage in den Tempeln der Pharaonen verziert (seit etwa 3000 vor unserer Zeitrechnung).

AIRBRUSH

➢ **Spritzpistole**

AKKOMMODATION

➢ **Auge**
➢ **Adaption**

Wie die Adaption stellt auch die Akkommodation eine Anpassung des Auges an Umwelteinflüsse dar. Als optische Akkommodation bezeichnet man die Schärfeneinstellung beim Sehvorgang durch Veränderung der Linsenkrümmung.

ALAUN

Alaun ist ein Ton, der aus saurem Sulfur, Aluminium und Potasche besteht. Eine Sonderform der Indigofärberei ist die Alaunfärberei. Alaungefärbte Materialien sind farbbeständiger als mit ➢ Indigo gefärbte. Wolle, Baumwolle, Seide, Sisal und Jute wurden mit Alaun behandelt und dann mit Indigoextrakt, Weinsäure und Glaubersalz gefärbt. Den Indigoextrakt löst man traditionell mit menschlichem Urin auf.

Die Indianer Nordamerikas nutzten Alaunfärbungen. In Europa erwarben sich die Medici ein Vermögen durch den Alaunhandel.

ALIZARIN

Begehrtes Färbemittel, das aus der Wurzel des ➢ Krapp gewonnen wird und »Türkischrot« genannt wurde, da der klassische Fez der Türken mit Alizarin rot gefärbt wurde. Alizarin war einer der wenigen Farbstoffe, die bis zum 19. Jahrhundert in Gebrauch waren und lichtecht färbten. Ab Ende des 19. Jahrhunderts konnte Alizarin synthetisch hergestellt werden und ab 1871 produzierte die BASF in Ludwigshafen derart viel synthetisches Alizarin, dass der Krappanbau verschwand.

AQUARELLFARBEN

auch »Wasserfarben« genannt.

Sie sind leicht wasserlösliche Farben, die aus feinen Pigmenten, Binde- und Feuchthaltemitteln bestehen. Aquarellfarben trägt man oft so auf, dass der Malgrund durchscheint. Sie lässt man häufig an ihren Rändern mit der Nachbarfarbe ineinander fließen. Dadurch ergeben sich oftmals ungewöhnliche Farbmischungen. Schon im alten Ägypten sind Aquarellfarben belegt. Ihre Hochblüte erlebte die Aquarellmalerei im England des 19. Jahrhunderts. Die deutschen Romantiker malten Zeichnungen mit Aquarellfarbe aus und Expressionisten wie Nolde, Macke, Klee und andere schufen einen »modernen« Stil der Aquarellmalerei.

ARSEN-GRÜN

auch »Scheele-Grün« genannt.

Im 18. und 19. Jahrhundert war dieses Grün äußerst beliebt. Es ist nach dem deutschen Chemiker Carl Wilhelm Scheele benannt, dem es 1775 gelang, ein leuchtendes Grün auf Arsenbasis herzustellen. Allerdings bedauerte Scheele bereits 1877, dass diese hochgiftige Farbe massenweise produziert wurde. Sie kam so in Mode, dass um das Ende des 18. Jahrhunderts jedes Haus, das etwas auf sich hielt, zumindest ein grünes Zimmer aufwies.

Als Reaktion auf den Arsenanteil in Scheeles Grün wandte man sich natürlicheren Stoffen zur Pigmentherstellung zu und besann sich auf ein grünes Farbpigment, das aus Malachit bestand. Bei den Kunstmalern wurde dieses ungiftige Blaugrün »verde azurro« oder kurz »Azurgrün« genannt. In Deutschland war man im 18. und 19. Jahrhundert der Ansicht, dass der Malachit im Azurgrün Geister abschrecken würde.

AUGE

- ➢ Adaption
- ➢ Akkomodation
- ➢ Simultankontrast

Neunzig Prozent der Information über die Farben erhält das Gehirn von unseren beiden Augen. Aber dennoch sind sie nicht das einzige farbsensible Organ des Menschen. Die restlichen zehn Prozent werden wahrscheinlich durch Hautzellen übermittelt, die ebenfalls ihre Information an das Gehirn weiterleiten, in dem dann der ➢ Farbeindruck entsteht. Die *Zapfen/Zäpfchen* des Augeninneren (etwa 7 Millionen) reagieren auf helles Licht und nehmen die Feinstruktur und Farbe eines Gegenstandes wahr. Sie sind spezialisiert: manche reagieren auf rotorange, manche auf grünes oder blauviolettes Licht *(Drei Rezeptorentheorie des Sehens* von Young und Helmholtz).

Die ➢ Stäbchen sind zahlreicher (etwa 100 Millionen). Sie reagieren auf schwaches Licht und Bewegung, können aber keine Farben wahrnehmen. Sie sind für das ➢ monochrome Nachtsehen verantwortlich.

1825 stellte der tschechische Biologe Ritter Johannes Purkinje (1787–1869) fest, dass rote Blumen in seinem Garten bei einbrechender Dunkelheit schneller ihre Farbe verlieren als blaue. Er folgerte daraus, dass bei geringeren Lichtmengen unser Auge empfindlicher für kürzere ➢ Wellenlängen wie zum Beispiel Blau ist (aus diesem Grund sind Autobahnschilder in Deutschland blau).

Das aktive Auge

Nach Platon trifft beim Sehvorgang das Licht, das aus dem ➢ Auge des ➢ Beobachters ausstrahlt, auf das äußere Licht, das ihm vom beobachteten Gegenstand entgegenkommt. Er führt im *Timäus* aus, dass unter allen Organen die Götter das strahlende Auge zuerst bildeten. Dieses Organ ist feuergleich und dennoch strahlt es nur ein mildes Licht aus, das mit dem äußeren Licht zusammentrifft.

Das Auge nimmt nicht passiv auf, sondern es strahlt selber aus. Diese Erklärung des Sehvorgangs beherrschte noch die mittelalterliche Medizin. Goethe waren solche Vorstellungen auch nicht fremd. Das sonnenhafte Auge ist Goethes Bild für das aktive Auge, von dem selbst ein Lichtimpuls ausgeht.

Nach heutiger naturwissenschaftlicher Auffassung ist die Farbe nicht etwas, das unabhängig vom Auge existiert. Das Auge reagiert keineswegs nur auf eine wahrgenommene Farbe wie ein Thermometer auf die Temperatur. Es lässt zusammen mit dem Gehirn die Farbe erst entstehen. Das verdeutlicht ein einfaches Standardexperiment, bei dem die Versuchspersonen Brillen mit gefärbten Gläsern tragen. Nach anfänglicher Farbveränderung in der Wahrnehmung sahen alle Versuchspersonen nach einiger Zeit wieder normal. Das heißt, Gehirn und Auge können aktiv Farbverschiebungen ausgleichen. Dies lässt die Hypothese zu, dass der ganze Körper Farbverschiebungen nach einer gewissen Zeit über das Gehirn ausgleicht. So kann man den homöopathischen Effekt bei der Wirkung der Farbbestrahlung erklären, der besagt, dass kurze Farbbestrahlungen wirkungsvoller als längere sind (oft wird nicht länger als zwanzig Minuten bestrahlt). Es handelt sich hierbei um eine Wirkungsverminderung mit der Zeit durch ➢ Adaption (Anpassung).

Weiterhin wirkt das Auge aktiv durch den »Sündenfall des Auges«, von dem der französische Philosoph Henri Bergson (1859–1941) und die beiden Dichter Paul Ambroise Valéry (1871–1945) und Marcel Proust (1871–1922) fasziniert waren. Unter dem »Sündenfall des Auges« verstand Bergson die Unterwerfung des Sehens unter die (abstrakte) Begrifflichkeit. Das bedeutet, dass wir das sehen, was unserem Weltbild entspricht. Das Auge sieht keineswegs unschuldig, wie es noch der präraffaelitische englische Maler John Ruskin (1819–1900) im ungebrochenen Idealismus verkündete.

Das Auge sieht aktiv, da es einer Meinung entsprechend sieht – das kann als eine der grundlegenden Auffassungen der Wahrnehmungspsychologie angesehen werden. Das selektive Sehen gesteigert bis zur hysterischen Blindheit kann jeder an sich selber beobachten. Was man nicht sehen möchte, das sieht man nicht. Da werden Auge und Gehirn gemeinsam aktiv.

Eines der ungelösten Probleme der Sehphysiologie besteht in der Erklärung des Zustandekommens des so genannten ➤ *Nachbilds* und des ➤ *Simultan-Kontrasts.* Das Auge ergänzt zu einer gegebenen Farbe sogleich (simultan) den ➤ komplementären ➤ Farbton. Sehen wir uns lange eine Orange auf einem weißen Blatt Papier an und entfernen diese, entsteht ein blauer schattenartiger Eindruck an der Stelle, an der zuvor die Orange lag. In der Produktion eines solchen ➤ Nachbilds erleben wir das Auge als aktiv. Das Auge ist sogar so aktiv, dass es permanent ➤ komplementärfarbige Erscheinungen besonders an Farbrändern erzeugt. Dies bezeichnet man als den ➤ *Simultan-Kontrast,* der stets wieder eine Harmonie durch Ganzheit schafft, indem er zu jeder Farbe deren ➤ Komplementärfarbe anklingen lässt. Das Auge ist beim Sehvorgang ästhetisch tätig.

Das passive Auge der Physiologie

Die Physiologie sieht dagegen das menschliche Auge eher passiv – von wenigen aktiven Elementen wie die ➤ Akkommodation der Linse (Schärfeneinstellung durch Veränderung der Linsenkrümmung) und die ➤ Helligkeitsadaption (automatische Einstellung des Lichteinfalls durch Vergrößerung und Verkleinerung der Pupille) abgesehen.

Das Auge besteht aus einer Kugel von etwa zweieinhalb Zentimetern Durchmesser, die ein automatisches Fokussiersystem und eine ebenfalls automatische Anpassung an die Helligkeit besitzt. Diese Kugel, Augapfel genannt, sitzt vor Verletzungen geschützt, drehbar in einer knöchernen Fassung. Für die Wahrnehmung der Farbe ist die mit Flüssigkeit gefüllte Linse wichtig, durch die das Licht auf die Netzhaut fällt. Die Netzhaut ist mit einem dichten Netz von Nervenenden übersät, die nach ihrer Form als ➤ Stäbchen oder ➤ Zäpfchen bezeichnet werden. Die Zäpfchen und Stäbchen sind mit dem Sehnerv vernetzt. Für die Farbwahrnehmung sind die Zäpfchen zuständig. Wobei sie derart sensibel sind, dass sie über siebeneinhalb Millionen verschiedener Farbtöne unterscheiden können. Durch das Fehlen einer Zäpfchengruppe auf der Netzhaut kommt die bei Männern verbreitetere ➤ Rot-Grün-Farbblindheit zustande.

Die ➤ Stäbchen reagieren auf die Helligkeit des Lichts (nicht auf die der Körperfarbe), indem sie den lichtempfindlichen Farbstoff ➤ Rhodopsin (Sehpurpur, ein im Dunkeln roter, hoch lichtempfindlicher Farbstoff) unter Lichteinwirkung abbauen und bei Dunkelheit wieder aufbauen (chemische Reaktion).

Die ➤ Zäpfchen nehmen die Farbschwingung wahr und stellen mit Hilfe der ➤ Urfarben B Blauviolett, G Grün und R Rotorange die Empfindung aller anderen Farbtöne im Gehirn her[1], wo die von ihnen weitergeleiteten Farbwerte in Farbempfindungen umgewandelt werden. Die Helligkeit der Farben wird ebenfalls von den Zäpfchen ans Gehirn weitergeleitet. Lichtstrahlen lösen also in den Zäpfchen der Netzhaut Nervenimpulse aus, die vom Sehnerv zum Sehzentrum in der hinteren Großrinde geleitet werden. Da diese Impulse den Hypothalamus stimulieren[2], gibt der wiederum seine Information an die Hirnanhangdrüse und Zirbeldrüse weiter, wodurch unsere Gefühle angesprochen werden.

Wie im Detail das Sehen einer Farbe zustande kommt, ist noch nicht befriedigend geklärt, besonders nicht die Wirkung der Farben auf die Gefühle und die Gesundheit. Ich möchte jedoch betonen, dass diese Verknüpfung zwischen Farbwahrnehmung und Wirkung der Farben auf den gesamten Organismus nur auf der wissenschaftlich-theoretischen Ebene unklar ist, auf der Ebene der Empirie liegen genügend kontrollierte Untersuchungen an Menschen, Tieren und selbst Pflanzen vor, die eindeutig belegen, dass Farben zum Beispiel auf die Gesundheit wirken. Man weiß weitgehend, wie die verschiedenen Farben auf die Gesundheit wirken. Unklar ist, wie es physiologisch vom Farbimpuls im Zäpfchen zum Gefühlsimpuls oder gar zur Heilung kommt.

AURA / AURA-FARBE

Die Aura, ein elektromagnetisches Feld, das sich um den Menschen legt, weist verschiedene Lichtfarben auf, von denen ausgehend man die entsprechende Person diagnostizieren kann, was Geistheiler annehmen. Diese Farben der Aura gehen von sieben Kraftzentren des menschlichen Körpers (Chakras) aus, welche die sechs Farben vom unteren Ende der Wirbelsäule mit Rot beginnend bis zum Dritten Auge mit Violett endend repräsentieren. Dem höchsten Energiezentrum (Kronen-Chakra) wird die Farbe ➤ Weiß als Mischung aller ➤ Lichtfarben zugeordnet.

AUTOFARBEN

➤ **Metallic**

Sind meist der Mode unterworfene Fantasiebezeichnungen. Traditionelle Autofarben stammen meistens aus dem Rennsport wie zum Beispiel English racing green, Ferrari-Rot und das Silber der so genannten Silberpfeile. Besonders beliebte

---

1 Der Physiker Thomas Young konnte als Erster eindeutig nachweisen, dass jeder Farbton mit Hilfe der Mischung der drei Urfarben des Lichts Rot, Grün und Violettblau hergestellt werden kann. Jede Farbwahrnehmung kann durch die drei Stimuli der Urfarben erzeugt werden. Das besagt die Young-Helmholtz-Theorie des farbigen Sehens.

2 Das wurde erst 1972 durch folgenden Aufsatz nachgewiesen: A.E. Hendrickson u.a.: Retinohypothalamic Projection in Mammals. A Comparative Study. In: Zeitschrift für Zellforschung 135, 1972, S. 1ff.

Farben sind heutzutage ➢ Schwarz und Silber und zunehmend ➢ Weiß.

Rote Autos werden häufiger als andersfarbige in Unfälle verwickelt, schwarze Autos gelten als edel und elegant. Bei den Lackierungen werden häufig Metalliclackierungen gewählt, da diese zwar teurer sind, aber eine härtere Oberfläche aufweisen und somit beständiger sind.

AZURIT

wird auch »das Blau der alten Meister« genannt.

Azurit ist ein Kupferpigment. Es besitzt einen leichten Grünstich und war als Farbe des Wassers – besonders des Meeres – beliebt (im Gegensatz zum ➢ Ultramarin, das die klassische Himmelsfarbe war).

Zur Pigmentverarbeitung wird das Azurit zermahlen und geschlämmt. Azurit war bereits in Ägypten und im klassischen Griechenland als Pigmente bekannt. Plinius nannte es »armenischer Stein«. Es wurde bis weit ins 18. Jahrhundert von europäischen Malern benutzt. Das leuchtende Azurblau war zu Beginn des 18. Jahrhunderts das beliebteste Blaupigment, da es viele Nuancen vom grünlichen bis zum rötlichen Blau aufwies. Problematisch war jedoch die Vergrünung des ➢ Farbtons. Aus diesem Grunde sehen wir heute in alten Gemälden häufig einen grünen Himmel, der diesen Bildern eine eigenartig düstere Stimmung gibt (Grün am Himmel wurde stets als schlechtes Omen gesehen). Das ist auf diese Vergrünung zurückzuführen. Ursprünglich war der Himmel auf diesen Bildern azurblau.

Im 18. Jahrhundert gab es zunehmend Einfuhrschwierigkeiten, da die Türken die Lagerstätten von Azurit in Ungarn besetzt hielten. Ab dem 18. Jahrhundert wurden diese Pigmente als Bergblau künstlich hergestellt, konnten sich aber nicht gegen das gerade aufkommende viel billigere Berliner Blau durchsetzen. Der Himmel auf El Grecos (1541–1614) Gemälde »Vertreibung der Händler aus dem Tempel« ist mit Azurit gemalt. Auch Leonardo da Vinci benutzte Azurit, allerdings nur als Untergrundfarbe für Ultramarin.

B

BAUHAUS

➢ **Form und Farbe**

eigentlich »Staatliches Bauhaus Weimar«, ab 1925 »Hochschule für Gestaltung/Dessau« und ab 1932 in Berlin. 1933 wurde das Bauhaus von den Faschisten aufgelöst.

Das Bauhaus war eine einflussreiche Schule und Künstlergruppe, die 1919 von dem deutschen Architekten Walter Gropius in Weimar gegründet wurde. Neben Gropius lehrte und arbeitete am Bauhaus die künstlerische Avantgarde Mitteleuropas. Kandinsky, Feininger, Klee, Schlemmer, Mies van der Rohe, Albers und Itten wirkten hier. Besonders widmeten sich die Klassen von Kandinsky und Itten der Untersuchung der Farbe und der Verbindung von Farbe und Form. »Welche Form kann das Wesen einer bestimmten Farbe am besten ausdrücken?«, war die leitende Frage (speziell um 1930). Dabei kamen sie zu dem Ergebnis, das in der Grafik unter dem Stichwort »Form und Farbe« dargestellt ist, welches Künstler wie Kandinsky sogleich in ihren abstrakten Kompositionen umsetzten.

BEOBACHTER

Der ➢ Farbeindruck ist stets auch vom Beobachter abhängig. Aus diesem Grund schuf man das Konstrukt des so genannten CIE-Normalbeobachters[3]. Dem entspricht eine normalsichtige Person, deren Auge einen Sehwinkel von 10 Grad umfasst, was etwa der Betrachtung einer Buchseite aus Leseabstand entspricht.

BILDFARBEN

➢ **Glanzfarben**

In seiner an Goethe angelehnten Farbenlehre unterscheidet Rudolf Steiner Bild- und Glanzfarben. Zu den Bildfarben zählt er Schwarz und Weiß, ➢ Purpur und Grün. Nach Steiner sind diese Farben starr, sie haben einen Endpunkt erreicht. Er spricht von »geläuterter Steigerung« und »ruhender Mischung«, sie sind ein Abbild von etwas.

Weiß – das seelische Bild des Geistes
Schwarz – das geistige Bild des Toten
Purpur / Pfirsichblüt – das lebendige Bild des Seelischen
Grün – das tote Bild des Lebendigen

BINDEMITTEL

Farben bestehen aus ➢ Pigmenten und Bindemittel. Das Bindemittel umhüllt die Pigmentteilchen, um diese miteinander zu verbinden und sie auf dem ➢ Malgrund zu fixieren. Der Charakter der Farbe und der Farbauftrag werden erheblich vom Bindemittel bestimmt.

Bei allen ➢ Ölfarben ist Öl das Bindemittel, bei ➢ Acrylfarben Acryl. Grundsätzlich beschleunigen Blei-, Mangan-, Kobalt- und Zinkzusätze die Trocknung der Ölfarben, verzögert wird die Trocknung der Farbe durch feinkörnige Pigmente.

Seit dem 6. Jahrhundert wird Leinöl als Bindemittel für Farben benutzt, aber erst seit dem 15. Jahrhundert verbreitete sich das Malen mit Ölfarben speziell durch den Einfluss der Brüder Hubert und Jan van Eyck.

BIOLUMINIZENZ

ist eine (geringfügige) Lichtausstrahlung der Körperzellen, die mit Restlichtverstärkern nachgewiesen werden kann.

---

3 CIE bedeutet Commission Internationale de l`Éclairage.

Zur Zeit wird die Hypothese geprüft, ob die menschlichen Körperzellen untereinander mit Hilfe der Biolumineszenz kommunizieren. Die Ansicht von der Kommunikation der Körperzellen mit Hilfe der Biolumineszenz wird von einigen konservativen Wissenschaftlern in Frage gestellt.

DER BLAUE REITER

Obwohl diese Münchner Künstlergruppe äußerst einflussreich war, hielt sie nur vier Monate zusammen (Dezember 1911 bis März 1912), allerdings überlebte ihre Zeitschrift mit dem gleichen Namen bis 1914. Tonangebend waren Wassily Kandinsky (1866–1944) und Franz Marc (1880–1916). Kandinsky war zu dieser Zeit von den gotischen Glasfenstern fasziniert und begrenzte seine Farbfelder mit schwarzen Linien, was einige Künstler dieser Gruppe nachahmten. Ähnlich wie Kandinsky begann auch Paul Klee (1879–1940) nach seiner Tunisreise die Farbe vom Objekt abgelöst zu betrachten und zunehmend ein abstraktes Vokabular von Farbe und Form zu entwickeln. Obwohl der Schweizer Maler nicht zur eigentlichen Gruppe gehörte, stand er ihr doch nahe. Robert Delaunay (1885–1941), dessen Werke die Gruppe ausstellte, bekam seine Inspiration zu seinen abstrakten Farbkombinationen von Marc und Kandinsky.
Wenn auch Kandinsky häufig als Begründer der abstrakten Malerei angesehen wird, so gilt doch diese Ehre František Kupka (1871–1957), der mit Kandinsky befreundet war und 1912 erste abstrakte Bilder ausstellte, denen Delaunays spätere abstrakte Farbkompositionen ähnelten. Kupka war als Einzelgänger kein Mitglied der Gruppe, wenn auch seine Bilder ihrem Programm entsprachen.

BLEISTIFT

Der Bleistift ist ein Grafitstift, mit dem man unterschiedliche Grautöne malen oder zeichnen kann. Als im 14. Jahrhundert in Deutschland der Bleistift aufkam, bestand er jedoch weitgehend aus Blei (2/3 Blei und 1/3 Zinn). Als im 16. Jahrhundert in England billig Grafit gefördert wurde, löste Grafit das Blei im Bleistift ab. Heute besteht die Mine des Bleistifts aus Grafit, Ton und Wachs. Farbstifte weisen noch Farbpigmente und Cellulose auf. Sie sollten wegen eines geringen Schwermetallanteils nicht in den Mund genommen werden.
Die Anteile von Ton und Wachs bestimmen den Härtegrad des Stiftes. Umso mehr Tonanteile vorhanden sind, umso härter ist der Stift. Die Härten werden in B (black) für weich, F (firm) für mittel oder fein, und H (hard) für hart unterschieden. Die Linie wird umso feiner, umso härter die Mine, sie wird umso schwärzer, umso weicher die Mine.
Ab dem 15. Jahrhundert ist der Bleistift zum Vorzeichnen beliebt. Harte Stifte benutzte man in der Miniaturmalerei des 18. Jahrhunderts.
Henri Toulouse-Lautrec soll gesagt haben: »Ich bin ein Bleistift.«

BLEI-ZINN-GELB

auch »das Gelb der alten Meister« genannt.
Es ist ein blassgelber Farbton. Dieses Pigment wurde in Europa zwischen dem 14. und 17. Jahrhundert bei Tafel- und Wandbildern benutzt. Die alten Meister von Giotto (Giotto di Bondone, 1266–1337) bis zu den holländischen Malern des 17. Jahrhunderts malten mit diesem Gelb. Blei-Zinn-Gelb wurde später durch billigere synthetische Farben ersetzt.

BRAUN

Reines Braun stellt die ➤ subtraktive Mischung von Rot und Grün dar und kann deswegen zu ➤ Missfarben gerechnet werden. Die unterschiedlichen Brauntöne gehören farbtheoretisch betrachtet zu den bunten Grautönen, bei denen ➤ Komplementärfarben miteinander gemischt werden. Durch den mehrmaligen Mischvorgang weisen alle Brauntöne im Gegensatz zu den ➤ Primärfarben und ➤ Sekundärfarben einen Grauschleier auf.
Braun gehört nicht nur aus politischen Gründen zu einer der unbeliebtesten Farbe in der westlichen Welt, wenn sie auch als Farbe der Kleidung häufig gewählt wird.

BRECHUNG

➤ Lichtbrechung

DIE BRÜCKE

Eine Gruppe von Künstlern, die oftmals als die ersten Expressionisten angesehen werden. Ernst Ludwig Kirchner (1880–1938) und Erich Heckel (1883–1970) waren maßgeblich an der Gründung 1903 beteiligt. Mit für damalige Zeit erstaunlich leuchtenden bis grellen Farben drückten viele Künstler dieser Gruppe die Zerrissenheit der deutschen Psyche aus. Sie sahen sich in der Tradition der ➤ Fauves, indem sie radikal die Farbe von ihrer das Objekt repräsentierenden Rolle befreiten. Die Künstlergruppe *Die Brücke* war von Emil Noldes (1867–1956) Gebrauch starker Farben derart beeindruckt, dass sie ihn, allerdings nur für ein Jahr, aufnahm. Ferner bemühte sich *Die Brücke* um den norwegischen Maler Edvard Munch (1863–1944), der sich jedoch zu einer Mitgliedschaft nicht durchringen konnte, wenn auch sein künstlerischer Ausdruck dem der Gruppenmitglieder entsprach. Munch und Nolde, die sich beide im Kreis der Künstler der *Brücke* trafen, waren zu sehr von Problemen beladene Einzelgänger, um sich anderen anzuschließen.

BUCHMALEREI

auch »Miniaturmalerei« genannt.
Im frühen Mittelalter begann die Ausschmückung der Handschriften speziell bei Überschriften und Initialen mit roten Mennigfarben. Besonders am Hof Karls des Großen

wurden klassische Handschriften verzierend kopiert. Daraus entwickelten sich ornamentale und figürliche Muster, die bunt ausgestaltet wurden und bei denen auch Blattgold Verwendung fand. Solche illuminierten Handschriften wurden in Klöstern erstellt, von denen Reichenau, Lindisfarne, Dublin und Aachen eine wichtige Rolle spielten. Im 16. Jahrhundert endete die Zeit, in der illuminierte Prachthandschriften hergestellt wurden. Eines der letzten großen Werke war das Gebetbuch Kaiser Maximilians mit Randzeichnungen von Albrecht Dürer und Lucas Cranach dem Älteren.

BUNTE FARBEN

sind alle Farben, die sich aus Rot, Blau und Gelb mischen lassen. Das Farbspektrum der bunten Farben geht über das der ➤ Regenbogenfarben hinaus, da die Brauntöne (bunte Grautöne) dazugehören – das heißt, zweimalige Mischungen sind möglich (Farbe + Komplementärfarbe = Tertiärfarbe).

BUNTSTIFT

➤ **Bleistift**

CARTHAMIN

➤ **Färberdistel**

Pflanzliches Pigment, das hauptsächlich zur Färbung von Wollen benutzt wurde und ein leuchtendes Gelb erzeugt.

CHROMGELB

ein leuchtendes Gelb, das 1809 von dem französischen Chemiker Vauquelin zum ersten Mal hergestellt wurde und sogleich ein großer Erfolg war. Dieses Chromgelb ist leuchtend, deckt hervorragend, dunkelt jedoch nach. Es ist nicht lichtecht und tendiert zu einem Grünton beim Vermalen. Arnold Böcklin (1827–1901) liebte dieses Gelb, Henri Matisse (1869–1954) verwandte es in seinem »Bildnis André Derain« und es wurde von van Gogh bei seinen Sonnenblumendarstellungen benutzt.

Aldous Huxleys erster Roman hieß »Crome Yellow« (1921). In diesem enzyklopädistischen Roman ist *Crome* eine Ortsbezeichnung, doch der Titel spielt auch auf die Farbbezeichnung an.

CIE

Abkürzung für Commission Internationale de L´Eclairage (Internationale Kommission für Beleuchtung). Sie geht von einem heute oft gebrauchten Farbmodell aus, das als die ➤ Primärfarben Licht der Wellenlänge von 700 nm, 546,1 nm und 435,8 nm annimmt, was Rot, Grün und Blau bedeutet. 1931 wurde diese Festlegung bestimmt, die für die wissenschaftliche Farbmessung wichtig ist.

CITRIN

➤ **Grau/Grautöne**

Unbunter Grauton. Die Benennung stammt von dem Maler Adolf Hölzel, der sich mit den unbunten Grautönen ausgiebig beschäftigte.

CMYK-FARBSYSTEM

Dieses Farbsystem wird im Vierfarbdruck verwandt, um mit Hilfe von ➤ **C** (Blaugrün), ➤ **M** (Purpurrot), ➤ **Y** (Gelb) und **K** (Schwarz, key colour) alle Farben darzustellen.

Das CMYK-System ist genormt. Es gibt Farbtabellen (Farbatlanten) zum Farbabgleich. Der Gegensatz zum CMYK-System stellt das ➤ RGB-System dar, das farbige Lichter additiv mischt. Das CMYK-Farbsystem kann in das RGB-System übertragen werden und umgekehrt (zum Beispiel können Photoshop, Layout- und andere Grafikprogramme entsprechend auf die eine oder andere Farbendarstellung eingestellt werden).

COLOR FIELD PAINTING

➤ **Farbfeldmalerei**

C / CYAN

➤ **Druckfarben**

Im Druck die Grundfarbe Blau, die nach DIN 16508/9 festgelegt ist. Es handelt sich hierbei um ein dem Grün leicht angenähertes Blau (etwas »blauer« als Blaugrün oder Türkis). Cyan entsteht im Auge durch grünes und blaues Licht.

DECKFARBEN

sind wasserlösliche Farben mit hohem Pigmentanteil – gesättigte Farben. Mit ihnen kann man andere Farben übermalen und abdecken.

DIN-FARBEN

Deutsche Industrienorm für Farben.

Verbindliche Farbfestlegung von 1953, die von Oswalds Farbmodell ausgeht. Dieses Modell wird besonders bei ➤ Oberflächenfarben verwandt.

DRUCKFARBEN

> ### CMYK-System

sind meist zähflüssige normierte Farben, die für den Druckvorgang benutzt werden. Im Vierfarbdruck werden aus den Farben **C** ➤ Blaugrün, **M** ➤ Purpurrot, ➤ **Y** Gelb und **K** für ➤ Schwarz alle Farben gedruckt. Schwarz ist nötig, um Kontraste zu verstärken und Tiefe im Druckbild zu erzeugen. Man nennt diese Art, mit vier Farben zu drucken, das CMYK-System. Nach diesem System druckt auch Ihr Farbdrucker.

ELEKTROMAGNETISCHE SCHWINGUNGEN

Licht und Farbe sind Energien, die in den Bereich der elektromagnetischen Schwingungen fallen. Alle elektromagnetischen Wellen bewegen sich mit Lichtgeschwindigkeit und bestehen aus einer elektrischen und einer magnetischen Komponente, die im rechten Winkel zueinander schwingen. Das Schwingungsspektrum dieser Energien beginnt mit den niederfrequenten Radiowellen, die eine lange ➤ Wellenlänge haben, worauf die ebenfalls noch unsichtbare Infrarotstrahlen folgen. Nun kommt das Farblicht, das mit Rot beginnt, welches die langsamste Schwingungsrate und die größte Wellenlänge hat. Es folgen Orange, Gelb, Grün, Türkis, Blau und Violett. Wie viele Farben man unterscheidet, hängt weitgehend von der das Auge leitenden Theorie des Betrachters ab, da Farben keineswegs als unterschiedliche Qualitäten scharf voneinander abgesetzt sind, sondern ein Kontinuum von Rot bis Violett bilden.

Einige Farbheiler differenzieren zum Beispiel das violette Farblicht in das eigentliche Violett und in ➤ Magenta/Purpur, wobei Violett bei etwa 410 bis 450 nm angenommen wird und Magenta/Purpur bei 390 nm. Damit kommen sie zu einer Theorie von acht Spektralfarben im Gegensatz zur klassischen Theorie von sieben Farben (3 Primär + 3 Sekundärfarben + Indigo). Ich wage allerdings zu bezweifeln, ob das ungeübte Auge Unterschiede der Wellenlänge von nur 20 Nm bewusst wahrnehmen kann.

EMOTIONALE FARBWIRKUNG

Zur emotionalen Reaktion des Menschen auf die Farben liegen viele Versuche vor, deren Erste im neunzehnten Jahrhundert durchgeführt wurden. Im vergangenen Jahrhundert war die chemische Industrie an der Wirkung der Farben interessiert. Mit den synthetischen Farbstoffen, die damals gerade entwickelt wurden, stellte sich ein neues Farbbewusstsein ein. Jede nur erdenkliche Farbe konnte plötzlich preisgünstig hergestellt werden, wodurch die Farbe erst jetzt von allen Bevölkerungsschichten zur Raumgestaltung, in der Kleidung und bei alltäglichen Gebrauchsgegenständen beachtet wur-

de. Damit wurde nicht nur die Welt bunter, sondern viel mehr Menschen wandten auch selber die Farbe als Mittel an, um zum Beispiel ihre Wohnatmosphäre zu beeinflussen. Im Jugendstil liebte man beispielsweise violette Räume, von denen eine unnatürliche Stimmung ausging.

Bei den Untersuchungen zur emotionalen Farbwirkung wandte man sich immer wieder dem Phänomen der ➤ Lieblingsfarbe zu und fand übereinstimmend heraus, dass die meisten Menschen Blau (38 %), Rot (20 %) und Grün (12 %) bevorzugen, während sie Braun (2 %), Violett (2 %) und Orange (unter 1 %) ablehnen.[4] In Bezug auf das Farbheilen wurde an Hand dieser Untersuchungen die Frage gestellt, ob diese Menschen als so genannter »Farbtyp Blau« oder »Farbtyp Rot« gerade die Farben zugeführt bekommen sollten, die sie ablehnen, um so wieder aus der farblichen Einseitigkeit in die Ganzheit zu gelangen. Oder ob beispielsweise der rote Farbtyp hauptsächlich mit Tönen seiner ➤ Lieblingsfarbe, nämlich Rot, behandelt werden sollte, da er auf sie positiv anspricht. Zum eigentlichen Farbheilen müsste man die Farbeinseitigkeit beheben.

Häufig untersuchte man ab Ende des 19. Jahrhunderts die Reaktion von Strafgefangenen und in der Psychiatrie hospitalisierter Menschen auf bestimmte Raumfarben. Grundsätzlich ergaben diese Untersuchungen, dass Blau als Raumfarbe beruhigt und Rot anregt und sogar aggressiv macht. Gute Erfahrungen machte man mit der Farbe Gelb, die sich besonders auf schizophrene Patienten beruhigend und angsthemmend auswirkt. Es kann geradezu ein »Gelbhunger« bei diesen Patienten beobachtet werden. Aus diesem Grunde hat sich der holländische Maler Vincent van Gogh (1853–1890) während seiner schizophrenen Schübe der Gestaltung der Farbe Gelb zugewandt – vermuten Kunstpsychologen.

Die Untersuchungen der emotionalen Farbwirkung blieben nicht bei der Betrachtung von relativ undifferenzierten Gefühlszuständen wie Ruhe und Anregung stehen, sondern wandten sich schnell besonders unter anthroposophischen Einfluss der Wirkung der Farbe in Schulen, Krankenhäusern und Kaufhäusern zu. Dabei stellte man unter anderem fest, dass leuchtende Farben die Wachsamkeit erhöhen und deswegen dort sinnvoll sind, wo Gefahren drohen. Blau- und Grüntöne eignen sich für Räume der Entspannung, Rot- und Gelbtöne für Arbeitsräume. Dieses anfänglich grobe Schema führte zu differenzierteren Untersuchungen der emotionalen Wirkung der Raumfarbe. Das Ergebnis ist unter anderem die farbige Gestaltung von Klassenräumen in anthroposophischen Waldorf-Schulen (vorbildlich in Göttingen, wo jede Klasse eine der Altersstufe entsprechend farbigen Klassenraum besitzt, der die Aufnahmefähigkeit der Schüler unterstützt). Eine neuere wissenschaftliche Untersuchung zur Wirkung der Farbumgebung auf Schulkinder wurde 1981 in Edmonton/Kanada durchgeführt und zeigte hochsignifikante Werte für

---

4 Vgl. hierzu genauer: Eva Heller: Wie Farben wirken. (Rowohlt) Reinbek 1990. Sie führte Ende der achtziger Jahre eine Untersuchung an 1888 Frauen und Männern zur Farbwirkung durch.

den Zusammenhang zwischen Aggression und Farbe.[5] Die Signifikanz der Werte nahm bei blinden Kindern nicht ab. Neuere Untersuchungen zum Zusammenhang zwischen Farben und Gefühlen oder Stimmungen wurden in den siebziger Jahren von B.S. Aaronson und J. Schick durchgeführt.[6] Wie zu erwarten war, konnten sie die anregende Wirkung der ➤ warmen Farben und die sedierende Wirkung der ➤ kalten Farben und von ➤ Schwarz eindeutig nachweisen. (➤ Polarität)

ERDFARBEN

älteste Farben, meist ➤ Brauntöne, wie gebranntes Siena, ➤ Khaki, ➤ Ocker und ➤ Umbra. Die Erdfarben stellen die Ergänzung zu den ➤ prismatischen Farben dar.

FALB

Rotbrauner Farbton. Diese Farbbezeichnung wird meistens bei Tieren verwandt.

FARBAUSGLEICH

Begriff aus der Farbentherapie.

Damit ist gemeint, dass wenn man sich gemäß seines ➤ Farbtyps oder seiner ästhetischen Vorstellungen stets ähnlich kleidet, man sich also ständig in einem einseitig wirkenden Farbraum bewegt. In solchem Fall ist es wichtig, sich gerade mit den Farben zu kleiden oder zu umgeben, die einem nicht entsprechen, um einen Ausgleich herzustellen.

FARBAUSZUG

wird der Farbanteil einer Grundfarbe an dem Gesamtbild genannt. Alle Farbauszüge eines Bildes (vier beim Vierfarbdruck) ergeben den Farbsatz, das heißt, übereinander gelegt als durchscheinende Filme zeigen sie das farbige Bild.

FARBBEZEICHNUNGEN

Es gibt eine unüberschaubare Menge von Farbbezeichnungen, die zwar landläufig benutzt werden, die aber weitgehend undefiniert sind. Können Sie angeben, wie ein Himbeerrot im Gegensatz zum Kirschrot gemischt wird? Haben Sie eine genaue Vorstellung von ➤ Indigo oder Türkis? Farbwörter sind atemberaubend vage im wissenschaftlichen Sinn, aber für die Alltagskommunikation reichen sie weitgehend aus. Der deutsche Farbtheoretiker Harald Küppers schlägt eineindeutige Farbbezeichnungen vor, die jedoch das sinnliche Phänomen der Farbe erschreckend unsinnlich sprachlich abbilden. Ich wäre verwirrt, wenn einer den Ton

meiner Haarfarbe als **Y**70 **M**20 bezeichnen würde (**Y** ist Gelb – von engl. yellow, **M** ist Rot – von Magenta). Wie Sie aus dieser Angabe vermuten, gibt Küppers die Mischungsverhältnisse des speziellen Farbtons an, den Sie dann in entsprechenden Farbatlanten eindeutig bestimmen können.[7] Küppers benutzt die in der Farbenlehre eingeführten Abkürzungen für die acht Farben, aus denen sich jeder Farbton mischen lässt.

Weiß	W	Unbunt	Primärfarbe	
Schwarz	S (auch B	Unbunt	Primärfarbe	
	black oder K)			
Gelb (Yellow)	Y	Bunt	Primärfarbe	
Rot (Magenta)	M	Bunt	Primärfarbe	
Blau (Cyan)	C	Bunt	Primärfarbe	
Violett	V	Bunt	Sekundärfarbe	
Grün	G	Bunt	Sekundärfarbe	
Orange	O	Bunt	Sekundärfarbe	

FARBECHTHEIT

Die Widerstandsfähigkeit der Farbe gegen äußere Einflüsse wie Waschen, Licht, Säure, Schweiß, Abrieb und Oxidation. Für die Farbechtheit in Bezug auf unterschiedliche Einflüsse gibt es Normen. Die Farbechtheit spielt im Alltagsleben der meisten Menschen meist bei Textilien eine wichtige Rolle.

FARBEINDRUCK

Der Farbeindruck ist abhängig von der Farbe und Struktur der gefärbten Oberfläche, der Lichtquelle und den Augen des Beobachters. Er gibt an, welches Licht von der betrachteten Oberfläche reflektiert wird und welches absorbiert wird. Daraus ergibt sich eine typische Reflexionskurve, die den Farbeindruck ausmacht. In der Industrie wird der Farbeindruck gemessen, indem das von der Probe reflektierte Licht von einem ➤ Monochromator zerlegt und mit einem fotoelektrischen Empfänger gemessen wird.

FARBENBLINDHEIT

➤ Rot-Grün-Farbenblindheit

➤ Opsin

5 Vgl. dazu: H. und S.C. Wohlfarth: The Effect of Color-Psychodynamic Environmental Modification upon Psychophysiological and Behavioral Reaction of Serverely Handicapped Children. In: International Journal of Biosocial Research 3, Nr. 1, 1982, S. 10–38.

6 B.S. Aaronson: Color Perception and Affect. In: American Journal of Clinical Hypnosis 14, 1971, S. 38ff. und J.J. Plack; J. Schick: The Effets of Color on Human Behavior. In: Journal of the Association for Study in Perception 9, 1974, S. 4–16.

7 Siehe Harald Küpppers: Dumont Farbenatlas. Dumont Verlag, Köln 1981 (mit über 5500 Farnuancen). Ich werde im Folgenden das Küppers-System bei der Farbenbezeichnung dann anwenden, wenn es Eindeutigkeit schafft. Der Leser braucht nicht mehr zu verstehen, als dass die niedriggestellte Zahl den Anteil der Farbpartikel angibt.

Die Farbenblindheit ist weitgehend ein angeborenes Problem der ➤ Zäpfchen. Farbenblinde besitzen nur zwei Farbrezeptoren (oder seltener nur einen Farbrezeptor, das heißt nur eine Opsingruppe). Diese genetische bedingte Abweichung von der Norm tritt hauptsächlich bei Männern auf und betrifft meistens die Rot-Grün-Unterscheidung. Etwa fünf Prozent der Männer sind farbenblind, aber nur 2,5 Promille der Frauen. Chronische Vergiftungen und Lebererkrankungen können Farbblindheit hervorrufen.

FARBENKUGEL

Ein Modell der systematischen Anordnung von Farben, das der Maler Philipp Otto Runge im gleichen Jahr (1810) publizierte wie Goethe seine Farbenlehre. Runge ordnet die Farben auf einer Kugel an mit den Grundfarben Blau, Rot und Gelb am Äquator und Schwarz und Weiß am oberen und unteren Pol. Im Zentrum der Kugel wird ein »gleichgültiges Grau« angenommen.

FARBENSEHEN

➤ **Auge**

Wir setzen alle gesehenen Farbtöne aus den ➤ Lichtfarben Rot, Grün und Blau zusammen. Das ist seit der Dreifarbentheorie von Herrmann (Ludwig Ferdinand) Helmholtz bekannt, die er auf Grund der Forschungen des englischen Physiologen Thomas Young weiter ausbaute.

FÄRBERDISTEL

auch »deutscher Safran« oder »wilder Safran« genannt.

Die Färberdistel ist eines der ältesten Färbemittel. Ihre orangeroten Blütenblätter wurden hauptsächlich genutzt, um Wolle leuchtend gelb zu färben. Der Farbstoff Carthamin (ein pflanzliches Pigment) liefert das Färbemittel. Um diese gelbe Farbe zu erhalten, wurde der Auszug aus den Blütenblättern oft mit ➤ Alaun oder Soda versetzt. In Asien wird dieses leuchtende Gelb irreführend als »tibetisch Rot« bezeichnet. Auch Lebensmittel wurden mit Carthamin gefärbt wie Kräutertees, Gewürzmischungen und Bier.

FARBFELDMALEREI (COLOR FIELD PAINTING)

Bei dieser Malerei, die Kunsthistoriker als abstrakten Expressionismus betrachten, werden große Farbflächen geschaffen, bei denen die Farbe eine meditative Stimmung erzeugt. Man kann diese Malerei als eine »Meditation auf Farbe« charakterisieren. Die Hauptvertreter der Richtung, die ab 1949 entstand, sind Mark Rothko (1903–1970) und Barnett Newman (1905–1970). Beide Künstler kamen vom Surrealismus zur Farbfeldmalerei. Rothko trägt seine Farben derart auf, dass eine Farbe durch die andere hindurch scheint, wodurch die Farben von innen zu leuchten scheinen. Er möchte damit

kosmische Kräfte ausdrücken. Newmann dagegen trägt seine Farben ebenfalls aus verschiedenen Farbschichten, jedoch mehr deckend auf. Er bringt eine Dynamik durch seine »Zips« (Reißverschlüsse) ins Bild, wie er die geraden Linien nennt, die seine monochromen Farbflächen unterteilen.

FARBFRASS

wird das Durchschlagen einer Farbe durch den Farbträger – meistens Papier – genannt. Dadurch kann das Papier verkleben oder brüchig werden.

FARBHARMONIEN

Zusammenstellungen von Farben wirken harmonisch, wenn sie dem Betrachter ein angenehmes Gefühl vermitteln und wenn er das Gesamtbild der Farbklänge als angenehm beurteilt. So gesehen sind Farbharmonien stets vom subjektiven Geschmack abhängig. Dennoch gibt es bestimmte Farbkombinationen, die von den meisten Angehörigen unserer Kultur als angenehm empfunden werden. Dazu gehören
- die Kombination von benachbarten Farbtönen
- die Kombination nur warmer oder nur kalter Farben (d.h. von Farben nur einer Seite des Farbenkreises)
- die Kombination von bunten mit unbunten Farben, dabei wirkt speziell Weiß mit kalten und Schwarz mit warmen Farben positiv
- die Kombination von aufgehellten Farben mit ihrem Vollton (häufig angewandt in der Innenarchitektur)

Es gibt neben diesen subjektiven Ansichten zur Farbharmonie auch normativ ästhetische Ansichten, wie sie zum Beispiel Goethe vertrat. Goethe geht von der philosophischen Prämisse aus, dass die Farbe stets nach Ganzheit verlangt (wie zum Beispiel beim ➤ Nachbild). Auf Farbharmonien bezogen kommt er zu folgenden Normen für die schöne Farbzusammenstellung:
- Die Kombination einer Farbe mit ihrer ➤ Komplementärfarbe, da hierbei die Ganzheit der Farben gewahrt bleibt (zum Beispiel Rot mit Grün [Gelb + Blau])
- Die Kombination der übernächsten Farben im sechsteiligen Farbenkreis (Nachbarfarben zu kombinieren fand Goethe hässlich, die schönen Kombinationen liegen an den Spitzen je eines Dreiecks).

FARBHELLIGKEIT

relativ undefinierter Begriff, obwohl jeder Betrachter meistens spontan einschätzen kann, ob es sich um ein dunkle oder helle Farbe handelt. Die Farbhelligkeit gibt das Leuchten – also das Ausmaß der Strahlung – einer Farbe an. Sie ist in der Optik ein Maß für die Gesamtstrahlung einer Farbe.

Durch ➤ Weiß können Oberflächenfarben aufgehellt, durch ➤ Schwarz können sie verdunkelt werden (bei jeder Mischung kommt es zu einer Verminderung der Helligkeit einer Farbe).

FARBIGE SCHATTEN

Bei bestimmter Beleuchtung zeigen leicht aufgehellte Schatten die ➤ Komplementärfarbe zur Farbe des Lichts, das diese Schatten wirft – zum Beispiel ergibt rötliches Licht des Sonnenaufgangs grünliche Schatten.

Auf das Problem der farbigen Schatten machte als Erster 1672 Otto von Guericke aufmerksam. Goethe beschäftigte sich in seiner Farbenlehre mit ihm und deutete sie als ➤ Nachbild. Rudolf Steiner nahm sich ebenfalls dieses Problem vor und deutete es im Gegensatz zu Goethe als auf die Eigenschaften von Farben beruhend. Eine wissenschaftliche Klärung dieses Phänomens liegt bis heute nicht vor.

FARBKONSTANZ

Sie ist dafür verantwortlich, dass Farben unter unterschiedlicher Beleuchtung immer noch als diese Farben zu erkennen sind. Wäre das nicht der Fall, würde unsere Orientierung erschwert. Die Farbkonstanz wird dadurch erreicht, dass reflektiertes Licht vieler Flächen miteinander im Gehirn verglichen wird.

FARBKONTRAST

Der Farbkontrast gibt Helligkeits- und Farbunterschiede wieder, die photometrisch messbar sind. Zu starke Farbkontraste lenken den Betrachter ab, ermüden die Augen und setzen ihn in Spannung. Aus diesem Grund sind zum Beispiel am Arbeitsplatz starke Farbkontraste zu vermeiden. Zu geringe Farbkontraste führen zur Ermüdung.

Ein mittlerer Farbkontrast in der Arbeitsumgebung vermindert die Krankenstände. In der Wohnumgebung schafft er ein Wohlgefühl.

FARBMISCHUNG

Wir unterscheiden die ➤ additive Farbmischung bei ➤ Lichtfarben und die ➤ subtraktive Farbmischung bei ➤ Oberflächenfarben. Wie sich in den beiden Fällen die Farben mischen, entnehmen Sie bitte aus folgender Aufstellung:

Farben der additiven Farbmischung

Grün + Rot = Gelb

Blau + Grün = Cyan

Blau + Rot   = Magenta

Grün + Rot + Blau = Weiß

Farben der subtraktiven Farbmischung

C Cyan + **M** Magenta = Blau

C Cyan + **Y** Gelb   = Grün

Y Gelb + **M** Magenta = Rot

C Cyan + **M** Magenta + **Y** Gelb = **K** Schwarz

Hieraus geht hervor, dass sich alle Oberflächenfarben letztendlich zu ➤ Schwarz mischen und Lichtfarben letztendlich zu ➤ Weiß.

FARBMODELLE

sind in sich geschlossene Systeme, um möglichst alle Farben beziehungsweise Farbtöne nicht nur eineindeutig beschreiben, sondern auch herstellen zu können.

Die gebräuchlichsten Farbmodelle sind das ➤ CMYK und das ➤ RGB-System. Ferner ist noch die ➤ HKS-Skala im Gebrauch, die nicht auf ➤ Grundfarbenanteilen aufgebaut ist, sondern bei der von definierten Farben ausgegangen wird. Beim Vierfarb-Druck muss jedoch die HKS-Skala in das CMYK-System umgewandelt werden (was nur bedingt möglich ist).

FARBSEPARATION

Bei der Farbseparation werden alle Farben eines zu reproduzierenden Bildes in die Anteile ihrer ➤ Grundfarben aufgespalten, zum Beispiel Blau **C** wird von Rot **M** und Gelb **Y** getrennt, Rot und Gelb werden auch von den jeweils anderen Farben getrennt. Die Farbseparation führt zum ➤ Farbauszug.

FARBSKALA

ist eine genormte Darstellung von Mischfarben, die Farbton, Farbsättigung und Farbhelligkeit verzeichnet. In Europa ist die Farbskala nach DIN 16539 (Europa-Skala) gebräuchlich.

FARBSTIFT

➤ **Bleistift**

FARBTEMPERATUR

➤ **Kelvin**

Die Temperatur eines in Kelvin-Graden angegebenen Farbtons einer Lichtquelle. Im ➤ RGB-System entspricht die Farbtemperatur der ➤ Grundfarben folgenden Kelvin-Werten:

Rot: < 1000

Grün: 7000 – 8000

Blau: 10000 – 15000

Bildschirme (Computer, TV) sind meist auf 5000 – 6000 Kelvin eingestellt, was der Strahlung des Sonnenlichts entspricht.

FARBTIEFE

ist ein Maß, um die Anzahl der unterschiedlichen Farbnuancen zu beschreiben. Die Farbtiefe ergibt sich aus der Anzahl der Farben an einem Bildpunkt (digital gesehen heißt das: die Farbtiefe ergibt sich aus der Anzahl der Bits, die einen Bildpunkt aufbauen). Oft wird die Farbtiefe in bpp (Bits pro ➤ Pixel) angegeben. Zum Beispiel mit dem gängigen Maß 8 bpp sind $2^8 = 256$ Farben darstellbar. Da das menschliche ➤ Auge jedoch etwa 8 Millionen Farben wahrnimmt, sind 24 (eigentlich 23 – aber der leichteren Verrechnung wegen wird die Zahl 24 genommen) Bits pro Pixel nötig, um den so genannten »True Color Raum« darzustellen. Der Nachteil derart vieler Bits pro Pixel liegt im Übertragungsaufwand (Übertragungszeit), deswegen wird bei der Farbdarstellung im Internet weitgehend mit nicht mehr als 8 bpp gearbeitet.

FARBTON

bezeichnet die konkrete Farbe wie zum Beispiel Rotviolett, Türkis oder Lindgrün. Letztlich gibt es nur acht bunte Farbtöne Schwarz, Weiß, Rot, Blau, Gelb, Grün, Orange und Violett. Alle andere Farbtöne sind Nuancen dieser Grundfarbtöne, was bereits 1730 der französische Kupferstecher J.C. Le Blon beobachtete.

FARBTYP

Der Bauhauslehrer, der sich am eingehendsten mit der Farbe beschäftigte, war der Schweizer Johannes Itten (1888–1967). Von ihm stammt aus seiner Bauhauszeit die Unterscheidung der Menschen in sechs Typen nach ihrer Hautpigmentierung, Augen- und Haarfarbe:

- **Frühlingstyp F**: Ihm stehen die lebhaften warmen Farben mit einem gelben Unterton der Frühlingsblumen wie zum Beispiel Krokusse, Tulpen und die des jungen Grases
- **Sommertyp S**: Ihm stehen die kräftigen Pastellfarben der Sommerblumen wie zum Beispiel Rosen und Rittersporn – aber keine Gelbanteile in den Farben.
- **Herbsttyp H**: Ihm stehen die gesättigten, aber abgedunkelten Mischfarben des Herbstlaubs.
- **Wintertyp W**: Ihm stehen die kalten und die klaren Farben – wie beim Sommertyp aber keine Gelbanteile in den Farben, jedoch ein kräftiges Zitronengelb steht dem Wintertyp.
- **Mischtyp 1** Frühling – Herbst (F/H)
- **Mischtyp 2** Sommer – Winter (S/W)

Diese Typen stehen für spezielle Farben und Farbkombinationen, die sie besonders gut kleiden. Das hängt unter anderem mit ihrer ➤ Hautfarbe zusammen, die bei den unterschiedlichen Farben verschieden wirkt (zum Beispiel blass oder gebräunt).

Den Farbtyp lässt man am besten durch eine Farbberatung herausfinden, bei der die Wirkung farbiger Tücher auf die Hautfarbe getestet wird.

FARBWERT

Mit dem Farbwert wird ein ➤ Farbton eineindeutig bezeichnet. Der Farbwert wird stets im Bezug auf das ➤ CMYK- oder das ➤ RGB-System angegeben. Dabei wird die Prozentzahl der Anteile jeder ➤ Grundfarben an der bestimmten Farbe angegeben – zum Beispiel ein mittlerer Violetton ist **C** 70 **M** 70 **Y** 00 **K** 00, das heißt siebzig Prozent Cyan (Blau) plus siebzig Prozent Magenta (Rot) und weder Gelb noch Schwarz.

FARBWIRKUNG

- ➤ **emotionale Farbwirkung**
- ➤ **physikalische Farbwirkung**
- ➤ **mentale Farbwirkung**

Die Farbwirkung ist generell abhängig von
- der Farbmenge (zum Beispiel Größe der Farbfläche)
- der Form, in der die Farbe erscheint (siehe Bauhausuntersuchungen)
- ihren Nachbarfarben (Lagebeziehungen der Farben zueinander)
- dem Raum zwischen Beobachter und der Farbe
- der Beleuchtung
- der Oberfläche, auf der die Farbe auftritt

Die Farbwirkung ist also variabel, da jede Farbe in ein Spannungs-, Kontrast- oder Harmonieverhältnis zu ihrer Umwelt auftritt (Nachbarfarbe zum Beispiel).

Ferner hängt die Farbwirkung ab
- vom ➤ Farbton (um welche Farbe es handelt)
- der ➤ Farbhelligkeit
- der ➤ Farbsättigung

wobei speziell die Farbhelligkeit, aber auch die Farbsättigung nicht hinreichend definiert sind.

FARBWOLKEN

Eine ähnliche Erscheinung wie der ➤ Regenbogen stellen die Farbwolken dar, die vom Sonnen- und Mondlicht hervorgerufen werden. Sie kommen durch Lichtbrechung (Lichtstreuung) durch kleine Wasser- oder Eispartikel zustande.

FASERSTIFTE

- ➤ **Marker**

FAUVES

Die Fauves oder Wilden war ursprünglich ein Spottname, mit dem eine französische Künstlergruppe zu Beginn des 20. Jahrhunderts wegen ihres Umgangs mit der Farbe bezeichnet wurde. Die führenden Mitglieder dieser Gruppe wie Henri Matisse (1869–1954) und André Derain (1880–1954) zeigten erstmalig 1905 öffentlich ihre Bilder, die als »Orgie der Farben« betrachtet wurden. Matisse und die anderen Gruppenmitglieder gingen in ihrem Einsatz der Farbe auf van Gogh und Gauguin zurück, indem ihnen Farbe ein Mittel war, um Emotionen oder ein anmutiges Design zu schaffen, aber nicht mehr um die Wirklichkeit zu repräsentieren. Die Farbe wurde abstrakt um ihrer Wirkung Willen eingesetzt und so können diese Wilden als die Wegbereiter der abstrakten Kunst angesehen werden, bei der die Farbe einen Eigenwert bekommt.

FLIMMEREFFEKT

wird auch Vibrationseffekt genannt. Er kommt dadurch zustande, dass räumliche oder farbliche Vieldeutigkeit dem Auge keine Ruhe lässt. Der optische Außenreiz und das ➤ Nachbild konkurrieren miteinander auf engstem Raum. Solche Flimmereffekte wurden in der ➤ Op-Art häufig von Victor Vasarely, Bridget Riley und Donald Judd erzeugt.

FORM UND FARBE

Mit der Frage, ob und wie bestimmte Formen den Charakter einer Farbe besonders gut hervorheben können, beschäftigten sich besonders die Maler des Bauhauses und unter ihnen speziell Wassily Kandinsky. In seiner Klasse entstanden die Zuordnungen Rot – Quadrat, Gelb – Dreieck, Blau – Kreis. Daraus können dann die Zuordnungen der anderen Farben zu den Formen abgeleitet werden. Kandinsky hat sich in seinen abstrakten Bildern weitgehend an diese Zuordnung gehalten.

FRESKENMALEREI

Die Freskenmalerei ist eine Technik, um Wände haltbar mit Bildern zu bemalen. Auf den frischen, noch feuchten Putz werden die in Kalk gelösten Farbpigmente aufgetragen. Es werden zwei Arten der Freskenmalerei unterschieden: die buon fresco Technik, bei der sich die Pigmente mit dem Putz verbinden, und die secco fresco Technik, bei der die Pigmente trocken aufgetragen werden, so dass sie sich nicht mit dem Putz verbinden. Bei der *secco fresco* Technik besteht die Gefahr, dass die Farben mit der Zeit abblättern.

FREQUENZ

Die Frequenz einer Lichtwelle gibt an, wie oft diese Welle in einer gegebenen Zeit ihren Gipfel erreicht. Langwelliges Licht wie Rotlicht besitzt eine niedrigere Frequenz als kurzwelliges blaues Licht zum Beispiel. Die niedrigste Frequenz weist rotes, die höchste violettes Licht auf.

GAMBOGE

Andere Bezeichnung für Gummigutt, ein warmer gelber Farbton.

GLANZFARBEN

➤ Bildfarben

Rudolf Steiner unterscheidet Glanz- und Bildfarben. Aus den Farben Gelb, Rot (Orangerot), Blau und Violett glänzt nach Steiner die sie schaffende Kraft des Lichts beziehungsweise der Dunkelheit durch. Er sieht sie als beweglich wie Planeten an.

Gelb – Glanz des Geistes
Rot – Glanz des Lebendigen
Blau – Glanz des Seelischen

GLASMALEREI

Bunte Glasfenster

Wenn auch die Kunst, bunte Glasfenster herzustellen, in der Gotik ihren Höhepunkt fand, war sie schon den alten Ägyptern bekannt. Seit dem 12. Jahrhundert beschäftigten sich meist Mönche damit, verschieden farbiges Glas herzustellen. Kobaltoxyde wurden benutzt, um das beliebte blaue Glas zu produzieren, mit Kupferoxyden wurde rotes und mit Manganoxyden wurde violettes Glas erzeugt. Die farbigen Glasstücke legte man auf eine kolorierte Zeichnung und verband sie mit Bleistegen. Das Glasbild wurde dann mit einem Eisenrahmen stabilisiert und als Fenster eingesetzt. Die farbigen Lichter, die durch diese Glasfenster erzeugt wurden, sollten die Schwere der Bausubstanz aufheben und dem Gebäude, meist Kathedralen, eine überirdische Stimmung verleihen. Es wurden wie bei der Kathedrale in Chartre die Lichtwirkungen des farbigen Glases genau kalkuliert. So herrscht bei der nördlichen Rosette blaues Glas vor, bei der südlichen Rosette rotes Glas. Da rotes Glas weniger Licht durchlässt als blaues Glas, kommt es zu ausgewogenen Lichtverhältnissen im Innenraum der Kathedrale. Mit Ende des 13. Jahrhunderts nahm die Produktion vollständig farbiger Glasfenster ab und wich einem neuen Stil, bei dem in große Flächen klaren Glases bunte Glasbilder eingelassen wurden.

Paul Gauguin bewunderte die gotischen Glasfenster wegen ihrer leuchtenden Farben bei klar abgegrenzten Farbflächen und ließ sich von ihnen zu seinem Stil inspirieren.

GRAU / GRAUTÖNE

Es gibt bunte und unbunte Grautöne. Die ➤ subtraktiven Mischungen von ➤ Schwarz und ➤ Weiß ergeben die Palette der unbunten Grautöne, eben die Farben, die wir umgangssprachlich als »grau« bezeichnen. Bunte Grautöne oder Tertiärfarben entstehen durch die subtraktive Mischung einer Grundfarbe mit ihrer Komplementärfarbe.

Zu diesen Farben gehören: ➤ Braun (Rot-Grün), Olive (Gelb-Violett) und buntes oder warmes Grau (Blau-Orange). Diese drei farbigen Grautöne werden nach dem Farbtheoretiker und Maler Adolf Hölzel (1853–1934) auch Citrin (dunkler Ockerton), Russet (Purpurgrauton) und Olive (Blaudämpfung) genannt. Diese Farben werden bisweilen auch als Hüllfarben bezeichnet, da eine Art Schleier die diesen Farben zugrundeliegenden Primärfarben verhüllt. Solche Farben sollen nach magischer Überlieferung eine mindere Qualität zum Ausdruck bringen, sie verstellen und verhüllen wahre Motive.

Immerhin werden sie im militärischen Bereich als Tarnfarben benutzt. Sie sollen ferner den Verlust der Individualität anzeigen. Allerdings meine ich, dass zum Beispiel das Tragen grauer Kleidung genau so gut eine (Über)Anpassung wie auch eine edle Zurückhaltung oder unaufdringliche Eleganz aufzeigen kann.

GRUNDFARBEN

➤ **Primärfarben**

werden die Farben genannt, die eine bestimmte Kultur, Epoche oder auch nur Gruppe für Primärfarben hält. In der Antike galten beispielsweise als Grundfarben Schwarz, Weiß, Rot und Gelb (bezeichnenderweise fehlte Blau, wofür es in der Antike keine oder nur ungenaue Farbbezeichnungen gab). Heutzutage werden landläufig die Farben Rot, Gelb, Blau und Grün als Grundfarben betrachtet, obwohl Grün keine Primärfarbe der Oberflächenfarben darstellt.

Vierersysteme der Grundfarben waren seit der Antike beliebt, da man Farben mit den vier Körpersäften und vier Temperamenten verband.

Nach der Lehre der Körpersäfte/Temperamente von Hippokrates folgte:

Rot – Blut – Sanguiniker

Weiß – Schleim - Choleriker

Gelb – gelbe Galle – Phlegmatiker

Schwarz – schwarze Galle – Melancholiker

Das auf der Physik und Physiologie beruhende System der drei Grundfarben Rot, Gelb, Blau erschien zum ersten Mal um 1600, setzte sich aber erst gegen Ende des 19. Jahrhunderts durch. Heute wird wissenschaftlich zwischen den Grundfarben der ➤ additiven und der ➤ subtraktiven Mischung unterschieden.

Grundfarben der additiven Mischung (Lichtfarben):

Rot

Grün

Blau

Grundfarben der subtraktiven Mischung (Oberflächenfarben):

Cyan

Magenta

Yellow

Wissenschaftlich betrachtet unterscheidet man heute noch von den oben aufgeführten Grundfarben der additiven und subtraktiven Farbmischung diejenigen der farbselektiven Kanäle im Gehirn.

GUASCHFARBE / GOUACHE

stumpfe, deckende Wasserfarben, die leicht wasserlöslich sind (Unterschied zur lasierenden ➤ Aquarellfarbe). Die Guaschfarben werden auf getönte Malgründe aufgetragen. Sie hellen stark auf beim Abtrocknen. Guaschfarben waren bereits den alten Ägyptern bekannt und wurden ausgiebig in der mittelalterlichen Miniaturenmalerei benutzt. Irische Mönche entwickelten einen ornamentale Stil der Guaschmalerei in ihrer Buchkunst, der keltische Tier- und Pflanzenmotive aufnahm. Um 800 wurde das einflussreiche »Lucca-Manuskript« verfasst, das 157 Rezepte der Farbherstellung nennt. Bis ins 16. Jahrhundert hinein wurden die Pigmente der Guaschfarben aus Mineralien, Pflanzen oder seltenen Tieren gewonnen. Ende des 16. Jahrhunderts sah man die Guaschmalerei als zu wässrig und minderwertig an. Nur für Landschaften und Dekorationen fanden Zeitgenossen sie geeignet. Ihre Blütezeit erlebte die Guaschmalerei im 18. Jahrhundert in Frankreich und der Schweiz. Ab dem 19. Jahrhundert malten Menzel, Otto Müller, Marc Chagall, die ➤ Fauvisten und Expressionisten Guaschen. Heute benutzt man häufig Guaschfarben bei Illustrationen und im Modedesign.

GUMMIGUTT

besonders kräftiges, fast reines Gelb. Dieses aus giftigen Baumharzen gewonnene Pigment wurde noch bis vor kurzem bei Aquarellfarben benutzt. Wegen seines kräftigen, leuchtenden Tons war es in der Buchmalerei des Mittelalters beliebt. Da diese Farbe gesundheitsschädlich und nur wenig lichtecht ist, wurde sie in den letzten Jahren durch synthetische Pigmente weitgehend ersetzt.

HALO

Als Halos werden Bögen, Ringe oder Flecken in ➤ Regenbogenfarben genannt, die durch das Sonnen- oder Mondlicht erzeugt werden. Sie kommen durch die Lichtbrechung an Eispartikeln zustande. Bisweilen ist ein Ring von 22 Grad um die Sonne oder den Mond sichtbar (man sagt volkstümlich: Der Mond hat einen Hof). Je nach Höhe von Sonne oder Mond und der Lage der Eispartikel entstehen unterschiedliche Formen des Halos. Ein vollständiger Kreis um die Sonne wird gewöhnlich durch die Lichtbrechung einer Cirrostratuswolke erzeugt. Er kündigt Tiefdruck und Niederschlag innerhalb der folgenden 36 Stunden an.

HAUTFARBE

Die Hautfarbe kommt durch eine Mischung von Farbpigmenten zustande. Speziell drei Faktoren bestimmen die Farbe unserer Haut. Carotin schafft die gelbliche Tönung der Haut, Hämoglobin die rötliche und Melanin die bräunliche.

Um malerisch die Farbe der Haut darzustellen, die Rudolf Steiner Rosenblüt oder Pfirsichblüt nennt, benutzten Maler die unterschiedlichen Mischungen, bei denen stets Ocker eine wichtige Rolle spielte. Häufig werden viele Farben wie Weiß, Ocker, Gelb, Karmin und bisweilen sogar Blau gemischt. Als Meister der Darstellung der Hautfarbe gilt Peter Paul Rubens.

HEILKRAFT DER FARBEN

Farben wirken heilend, was sich in unterschiedlichen Versuchen und Beobachtungen ständig bestätigt. Jede Farbe besitzt ihre spezielle Heilenergie

Rot	**regt an, wärmt**
Blau	**beruhigt, kühlt**
Gelb	**muntert auf, fördert die Kommunikation**
Grün	**gleicht Energien aus**
Orange	**wärmt und muntert auf**
Violett	**fördert geistige Aspekte**

Es stellt sich die Frage, was die Heilwirkung der Farbe ausmacht. Ist es deren Schwingungszahl oder das Konzept, das wir von dieser Farbe haben? Es ist wahrscheinlich beides der Fall: Für die Wirkung der Schwingungszahl spricht, dass Farben auf den Menschen wirken, die er nicht optisch wahrnimmt, wie die Farbe seiner Unter- oder Bettwäsche. Auch Blinde erkennen Farben. Unser ganzer Körper, unser Gefühl und unser Bewusstsein besitzen die Eigenschaft, sich auf die Schwingungen der verschiedenen Farben einzustellen. Die Eigenschwingung der Zelle stellt sich auf die Schwingung der entsprechenden Farbe ein. So erklären die meisten Therapeuten, die mit Farbe arbeiten, den Heilungsvorgang. Auch die moderne Biophotonen-Forschung nimmt an, dass es eine ultraschwache Zellstrahlung[8] gibt, die man mit Restlichtverstärkern nachweisen kann. Dieses Licht in den Zellen scheint auf die Schwingung der Farbe zu reagieren. Durch diese Schwingungsresonanz der Zellen kann beispielsweise Blau beruhigen oder Rot anregen.

Dass das Konzept, mit dem wir wahrnehmen, für die therapeutische Farbwirkung wichtig ist, haben Goethe, Steiner und die Bauhaus-Lehrer immer wieder betont. Die Magie der wahrgenommenen Farbe ist den Menschen von den Totenkulten der Frühsteinzeit bis hin zur modernen Werbung bekannt. Dass eine harmonische Farbumgebung heilend wirkt, ist ebenfalls spätestens seit der altägyptischen Kultur bekannt (Heilen durch monochrome Farbräume, die man in der Nähe der drei großen Pyramiden ausgrub).

HENNA

auch »ägyptisches Färbekraut« genannt.

Der Hennabrei, der aus den Hennablüten hergestellt wird, färbt Haut und Haare bräunlich rot. Dieser rote Farbstoff auf der Haut, oft ornamental an Händen und Füßen aufgemalt, soll den freien Fluss der Lebensenergien unterstützen und vor dem bösen Blick und allem Unheil schützen, so nimmt man im Orient an.

In den Hennablättern befinden sich folgende Farbstoffe: Naphthochione wie Naphthalinderivate, Gerbstoffe, Gallussäure und ein kleine Menge von Sterolen.

HERALDISCHE FARBEN/HERALDIK

> **Wappenfarben**

HKS-SKALA

Ein System zum eindeutigen Definieren von 84 Volltonfarben der Druckfarbenhersteller Hostmann-Steinberg, Kast und Ehinger und Schmincke. Diese Skala geht von 84 fest definierten Farben aus. Für den Vierfarb-Druck müssen sie jedoch in das ➤ CMYK-System umgewandelt werden (was nur annäherungsweise möglich ist).

ILLUMINIERTE SCHRIFTEN

> **Buchmalerei**

IMPRESSIONISMUS

Stilrichtung, die in Frankreich zwischen 1860 und 1870 entstand. Das Ziel der impressionistischen Maler war eine neue Weise der Wirklichkeitswiedergabe. Sie malten, was sie sahen und nicht, was sie wussten. Ein Gegenstand sollte spontan in einem Ausschnitt erfasst werden. Dazu setzten sich die Impressionisten speziell mit den farblichen Reizen des Lichts auseinander. Da ihnen das reflektierte Licht des dargestellten Gegenstands wichtiger war als der Gegenstand selbst, bekommen ihre Bilder zunehmend einen andeutenden Charakter.

Die bekanntesten impressionistischen Maler waren Claude Monet, der weitgehend nur Primär- und Sekundärfarben benutzte, Auguste Renoir, Édouard Manet und Edgar Degas, Francisco de Goya, William Turner, John Constable, Adolph Menzel und Alfred Sisley. Die Impressionisten setzten sich ausgiebig mit der Wirkung der Farbe auseinander und beschäftigten sich teilweise wie Turner eingehend mit Goethes Farbenlehre. Der Ausdruck »Impressionismus« wurde 1874 von konservativen Kunstkritikern geprägt, um das »Unfertige« und »Dahingeworfene« der Bilder der »Ausstellung der anonymen Künstler« (später »erste impressionistische Ausstellung« genannt) zu diffamieren.

INDANTHREN

Eine Reihe hochfarbechter Farben, die mit dem I gekennzeichnet werden.

1901 wurde zunächst Indanthrenblau entwickelt und bald danach kamen die anderen Farben hinzu. Heute steht die Bezeichnung Indanthren für waschfeste und lichtechte Farben, von denen es rund einhundert gibt.

---

8 Dieses Licht in den Zellen stellt nach dem Physiker Fritz A. Popp, dem führenden Forscher auf diesem Gebiet, eine Nachrichtenwelle dar, die aus kohärentem Licht wie ein Laserstrahl besteht. Das Farblicht dagegen ist als ein Gemisch unterschiedlichster Wellen anzusehen. Vgl. dazu genauer Marco Bischof: Biophotonen. Das Licht in unseren Zellen. (Zweitausendundeins) Frankfurt 1995.

INDIGO

Sowohl Farbbezeichnung für einen dunklen Blauton als auch eine Färberpflanze.

Indigo bezeichnet einen blauen Farbstoff, eine tiefblaue Farbe und eine Färberpflanze.

Er kann aus der indischen Indigopflanze oder dem heimischen ➤ Waid gewonnen werden. Beide Pflanzen enthalten Indican, das durch Gärung in Indoxyl umgewandelt werden muss. Durch anschließende Oxidation an der Luft entsteht aus dem gelben Indoxyl der blaue Indigoton.

Indigo, das indische Blau, spenden über 300 Pflanzen, die im feucht-heißen Klima Indiens wachsen. Die ergiebigste ist *Indigofera tinctoria*. Portugiesische Kaufleute auf den Spuren Vasco da Gamas brachten im 16. Jahrhundert Indigo nach Europa. Aus der aus Indien stammenden Pflanze wird ein leuchtend blauer Farbstoff gewonnen. Dieser Farbstoff wird in Europa seit der Antike geschätzt. Nach ➤ Purpur galt er als der edelste und vornehmste aller Farbstoffe.

Isaak Newton führte Indigo als siebte Farbe in den Farbenkreis ein, damit die Farben und die Tonleiter übereinstimmen. Goethe nahm das in seiner Newton-Feindschaft wieder zurück. Bei ihm gibt es nur sechs Farben des Regenbogens, was der heutigen Auffassung entspricht.

Seit 1900 wurde Indigo von synthetisch hergestellten Pigmenten verdrängt, da diese preisgünstiger und lichtechter sind. Die ersten Jeans wurden noch mit natürlichem Indigo gefärbt. Als Naturfarbe zur Färbung von Wolle, Leinen und Seide ist heute noch Indigo und Waid zu empfehlen. Besonders Indigo führt zu einer tiefen Blaufärbung.

Im so genannten Indigo-Krieg in Indien stellte sich Mahatma Ghandi auf die Seite der Indigo-Bauern. Dieser Krieg war maßgeblich für den Niedergang des britischen Empires.

Ab 1900 beherrschte die chemische Industrie mit synthetischem Indigo den Weltmarkt und Indigoplantagen wurden aufgegeben.

INDIGOIDE FARBSTOFFE

➤ **Küpenfarbstoffe**
Farbstoffe auf Indigobasis

INTERFERENZ

Ausdruck der Physik zur Beschreibung der Überlagerung von Wellen.

Interferenzbilder wie die ➤ Newtonschen Ringe sind oft regelmäßige Formen, die viele Farben aufweisen. Interferenzerscheinung werden ferner bei der Holografie benutzt. Sie treten auch bei Seifenblasen und Ölflecken auf.

Das Prinzip der Interferenz besteht darin, dass Farbschwingungen sich überlagern und dadurch eine neue Welle und somit eine neue Farbe entsteht. Dies geschieht dadurch, dass zwei Wellen sich derart annähern, dass sie sich bei ihrer Ausbreitung beeinflussen.

K

K

➤ **CMYK-System**
Beim Vierfarbdruck ist K die Bezeichnung für ➤ Schwarz, aus dem Englischen für *key colour*. **K** ist bei dem Drucken hauptsächlich nötig, um Tiefe und Kontraste zu betonen.

KADMIUMROT

harmonischer mittlerer Rotton, chemisch hergestelltes Pigment. Als Pigment hat Kadmiumrot wegen seiner Farbbeständigkeit und niedrigen Kosten fast alle anderen Rotpigmente verdrängt.

KALTE FARBEN

liegen auf der rechten Seite des Farbenkreises zwischen Rotviolett und Türkis.

Kalte Farben wirken dunkler als warme und erweitern den Raum. Sie reflektieren weniger Licht beziehungsweise sie absorbieren mehr Licht als warme Farben. Außerdem weichen sie vor dem Auge des Betrachters zurück und erzeugen eine distanziert kühle Atmosphäre.

KASEINFARBEN

sind deckende Farben, die matt abtrocknen. Obwohl sie mit Wasser vermalt werden, gehören sie im abgetrockneten Zustand zu den wasserbeständigsten Farben. Das Bindemittel Casein (wichtigster Bestandteil der Milch) gibt den Farben ihren Namen. Die Kaseinfarben sind speziell bei Hobbymalern beliebt.

KELVIN

➤ **Farbtemperatur**
Nach Lord Kelvin eingeführtes Maß für die Temperaturmessung, das heute hauptsächlich dazu verwendet wird, Farbtemperaturen zu messen. Der Nullpunkt der Kelvin-Skala ist der absolute Nullpunkt der Temperatur.

KERMESROT

➤ **Koschinillenrot**
brillante, lichtechte und leuchtende Farbe, tierisches Pigment.

Neben dem Krapp spielte der Kermes in der Kulturgeschichte der roten Farbe eine wichtige Rolle. Kermes wird aus der Schildlaus gewonnen. Schon die Phönizier färbten mit Kermesrot – das wie ➤ Krapprot eine Luxusfarbe und der Inbegriff alles Schönen war – ihre Wolle für kostbare Gewänder und Tücher, was überaus aufwändig war. Deswegen waren kermesrote Gewänder entsprechend teuer.

Von der Kermeslaus leiten sich die Farbbezeichnungen »Karmin« und »Krimson« ab.

KHAKI

> ➤ **Braun**
> ➤ **Erdfarben**

khak ist das persische Wort für Staub, also ist khaki die Farbe des Staubs, die wir meistens »erdfarben« nennen. Khaki war der Originalton des Nazibrauns, das auf ein Hemd des Freikorpsführers Gerhard Roßbach zurückgeht. Hermann Göring und Ernst Röhm gefiel diese Farbe und so wurde sie am Tag der Neugründung der NSDAP am 27.2.1925 zur offiziellen Einheitsfarbe der Partei.

KOBALT

Kobaltblau wird auch »Leydenerblau« genannt, da es in Leyden hergestellt wurde. Der Name »Kobalt« stammt aus dem 14. Jahrhundert und verweist auf die Kobolde, die bösen Berggeister, die den Bergmann an Kobaltvergiftung sterben ließen. Die Vergiftung kommt durch das Einatmen arsenhaltiger Dämpfe in den Kobaltminen zustande.

Zu den Kobaltpigmenten gehört das Coelinblau. Coelinblau oder Coeruleum wird durch Ausglühen von Kobaltsulfat, Kieselsäure und Zinndioxid seit Beginn des 19. Jahrhunderts hergestellt. Es gleicht in seinen Eigenschaften dem Kobaltblau, hat jedoch einen starken Grünanteil. Heute sind diese Pigmente unter dem Namen »Grünblauoxid« oder »Blaugrünoxid« im Handel erhältlich.

Zum Färben von Glas wurde Kobalt schon 2000 vor unserer Zeitrechnung in Mesopotamien benutzt. In China war es bestimmend für die Porzellanmalerei der Hsuang-Te (1426–1435) und Ch`eng-Hua Periode (1465–1487). Die legendäre kaiserliche Porzellanmanufaktur von Jingdezhen begann mit diesem Pigment zu arbeiten, woraus das berühmte Ming-Blau entstand, das bald als Mohammedanisch Blau und Persisch Blau (dunkelviolette Blautöne) in Europa beliebt wurde.

Kobalt wurde 1802 von dem französischen Chemiker Louis Jacques Thénard (1777–1857) künstlich hergestellt. Seitdem heißt das Kobaltblau auch Thénardsblau – ein beliebtes Blau-Pigment seit der Mitte des 19. Jahrhunderts in der Kunstmalerei. Heutiges Kobaltblau, das ein Kobaltoxid-Alumiumoxid ist, besitzt hervorragende Farbechtheit. Es ist mit anderen Pigmenten gut mischbar und hat gute Maleigenschaften. Es wird für klare, kühle Blautöne verwandt. Allerdings ist sein Färbevermögen gering.

Ein weiteres Kobaltpigment ist Smalte, auch Kobaltglas genannt, das jedoch nur schwach deckt. Smalte ist das älteste Kobaltpigment, das schon im Altertum in Ägypten und Mykene bekannt war. Es besteht aus gerösteten Kobalterzen, die mit Quarz und Alkali geschmolzen werden. Smalte wurde in Europa durch die venezianischen Gläser bekannt, die später von böhmischen Glasbläsern kopiert wurden. Schon im 16. Jahrhundert entstand die erste Smalte-Manufaktur in Sachsen. Äußerst beliebt war Smalte war bei den flämischen Malern (zum Beispiel Breughel, van Eyck, Rubens und Cranach). Im 18. Jahrhundert wurde Smalte von Preußisch Blau und seit Mitte 19. Jahrhundert von Kobaltblau verdrängt.

Kobalt spielte in dem Prozess gegen den holländischen Fälscher Hans van Meegeren eine entscheidende Rolle. Van Meegeren hatte einen von ihm gefälschten Vermeer für einen erstaunlich hohen Betrag an Hermann Göring verkauft. Später wurde die Fälschung entdeckt, da – wie van Meegeren selber betonte – zur Zeit Vermeers Kobaltfarben noch nicht erfunden waren.

KOHLE

Zeichenkohle wird aus verkohlten kleinen Holzstückchen gewonnen. Sie eignet sich wie ➤ Rötel und ➤ Pastell zum schnellen Zeichnen und muss wie sie fixiert werden. Mit Kohle sind alle Töne vom tiefen ➤ Schwarz bis zum hellsten ➤ Grau zu erzeugen. Beliebt ist das Arbeiten mit Zeichenkohle wegen einfacher Korrekturmöglichkeiten, was bei einem Medium für schnelles Zeichnen wichtig ist. Der Nachteil der Kohle liegt darin, dass sie nur schwer anzuspitzen ist.

KOMPLEMENTÄRFARBEN

sind Farben, die sich im Farbenkreis gegenüber liegen. Den Begriff »Komplementarität« prägte 1794 der amerikanische Physiker Benjamin Thompson.

Die Farbenlehre nennt die Mischung einer ➤ Oberflächenfarbe mit ihrer Komplementärfarbe Grau (im Ideal bei genau stimmigen ➤ Pigmenten wäre es Schwarz).

Orange ist komplementär zu **Blau**
Grün ist komplementär zu **Rot**
Violett ist komplementär zu **Gelb**

Komplementärfarben bilden stets ein Paar, das aus einer ➤ Primärfarbe und aus einer ➤ Sekundärfarbe (die aus den anderen beiden Primärfarben gemischt ist) besteht.

Bei den ➤ Lichtfarben mischen sich die Komplementärfarben zu Weiß, wir kommen so zu drei komplementären Paaren

Gelb – Blau
Cyan – Rot
Magenta – Grün

Rudolf Steiner geht in seinen Vorträgen davon aus, dass die Griechen der klassischen Epoche die ersten Menschen waren, denen Komplementarität bei den Farben auffiel. Des weiteren gehen anthroposophische Farbheiler wie Collot d`Herbois davon aus, dass Kinder erst dann Komplementärfarben an Farbrändern sehen, wenn sie »ich« sagen können.

Der Maler Phillip Otto Runge drückte das Wesen der Komplementärfarben zu Beginn des 19. Jahrhunderts so treffend wie anschaulich aus: »Wenn man sich ein bläuliches Orange, ein rötliches Grün oder ein gelbliches Violett denken will, wird einem zu Muthe wie bei einem südwestlichen Nordwinde.« Arthur Schopenhauer verbreitete zur gleichen Zeit die These, dass das Auge durch Komplementaritäten stimuliert werde.

Vincent van Gogh und Henri Matisse beschäftigten sich ausführlich mit der Wirkung von Komplementärfarben. Von seinem Bild »Nacht Café« sagte van Gogh, dass er mit dem Rot und Grün die fürchterlichen Leidenschaften der Menschen ausdrücken wollte. Damit setzte er die Komplementärfarben symbolisch ein und wurde zusammen mit Gauguin fortan als Symbolist bezeichnet.

KORN

> Pigmente

KÖRPERFARBE

> Oberflächenfarbe

Neben den Oberflächenfarben werden auch alle Farben zur Bemalung der menschlichen Haut Körperfarben genannt.

KOSCHINILLENROT

> **Kermesrot**

kalte und warme Rottöne, tierisches Pigment.

Seit der Entdeckung und Synthetisierung moderner Anilinfarben und der industriellen Herstellung von Kadmiumfarben ist Rot keine besondere Farbe mehr. Aber dennoch hat die Chemie das natürliche Rot nicht vollständig verdrängen können: Im Campari und in den Lippenstiften wird heute noch ein Rot benutzt, das aus den Koschenillenläusen hergestellt wird, die auf Kakteen leben (E120). Allerdings wird zunehmend auch der Farbstoff Carthamin benutzt, der aus der > Färberdistel gewonnen wird und vom Lippenstift bis zu Textilien alles deckend rot färbt.

Ab Anfang des 16. Jahrhunderts bis ins 17. Jahrhundert hinein war das Koschenillenrot das einbringendste Exportprodukt der Spanier (hauptsächlich aus Mexiko).

Im engeren Sinne werden Kermesrot und Koschinillenrot von einander unterschieden. Bei dem Koschinillenrot wird das Pigment aus südamerikanischen Schildläusen gewonnen, beim Kermesrot wird es aus europäischen und indischen Schildläusen gewonnen. Die Farbtöne sind weitgehend gleich.

KRAPPLACK/KRAPPROT

Rotbrauner Farbton, der als Aquarell-Pigment und Ölfarbe im Handel ist, wird auch »das Rot der alten Meister« genannt. Krapplack beziehungsweise Krapprot wird aus der Färberröte gewonnen, ein Labkrautgewächs (verwandt mit dem hei-

mischen Waldmeister), das in lichten Olivenhainen wächst, und derart mit der roten Farbe verbunden ist, dass ihr botanischer Name *Rubia* (lat. von rubor rot) lautet. Krapp wurde besonders in der Normandie und der Provence, im Languedoc, in Spanien und Sizilien angebaut. Seine Wurzeln bieten sowohl roten als auch gelben Farbstoff. Sie werden getrocknet und zermahlen. Um das rote Farbpigment zu erhalten, muss die Färberröte im Alter von drei bis vier Jahren geerntet, danach lange getrocknet werden, damit sie zu einem feinen, mehlartigen Pulver zermahlen werden kann. Dieses Pulver wird gelagert. Es verhält sich wie beim Wein: je länger das Pulver lagert, desto besser wird seine Qualität. Mit diesem Pulver, in dem das Alizarin angereichert ist, kann man die entsprechenden Stoffe lichtecht und durchschlagend rot färben. Krapprot war schon den Persern, Indern und Ägyptern bekannt. Sie benutzten den Farbstoff Alizarin, um edle Gewänder und Tücher für den rituellen Gebrauch herzustellen. Als es den Holländern im 16. Jahrhundert gelang, bestes Krapprot zu produzieren, wurde dieses Rot zum Inbegriff des Schönen in Europa. Als vornehmer Herr besaß man mindestens einen knallroten Seidenanzug. Selbst die Bauern trugen an Festtagen rote Hosen und Jacken, die mit Krapp leuchtend eingefärbt waren. Im 17. Jahrhundert stritten sich Holländer und Engländer um den Import roter indischer Stoffe nach Europa, die kostengünstiger produziert wurden als mit Krapprot Gefärbtes in Europa. 1869 gelang es den beiden deutschen Chemikern Carl Graebe und Carl Liebermann, den Farbstoff Alizarin in der BASF (Badische Anilin und Soda Werke) synthetisch herzustellen, was zum Niedergang des Anbaus der Färberröte führte. 1872 stellte bereits die BASF über fünfzig Prozent aller in Deutschland produzierten Färbermittel auf Anilinbasis her und bestimmte den Export dieser preisgünstigen Färbemittel. Zehn Jahre später war der Krapphandel verdrängt. Damit verschwanden die individuellen Rottöne der einzelnen Färber. In Europa wird Krapprot kaum mehr hergestellt.

KÜPENFARBSTOFFE

wasserunlösliche Farbstoffe auf Indigobasis, die sehr beständig sind und zum Färben und Bedrucken von Textilien häufig benutzt werden. Sie werden auch indigoide Farbstoffe genannt. Zu ihnen gehört der antike > Purpur.

L

LEBENSMITTELFARBEN

> **Carthamin**
> **Koschinillenrot**

Lebensmittelfarben kommen dann zum Einsatz, wenn das Lebensmittel eine schwächere oder andere Farbe aufweist, als sie der Konsument erwartet. Es gibt natürliche Lebensmittelfarben wie rote Beete (Betanin, E 162), metallische wie Silber (E 174) und Gold (E 175) und chemische, die meistens zu den Azofarbstoffen – künstliche organische Farbstoffe für den Gelb- und Rotbereich, die Azogruppen (-N=N-) als Farbgeber besitzen – gehören und Allergien auslösen können.

Leydener-Blau/Leydenerblau

➢ **Kobaltblau**

Licht

Die neuere Geschichte der Farbenlehre wurde durch den Streit von Johann Wolfgang von Goethe (1749–1832) mit seinem Vorgänger Sir Isaac Newton (1643–1727) geprägt. Goethes Farbenlehre und seine Gedichte und Sprüche zur Farbenlehre sind voller, teilweise beleidigender Angriffe auf Newton. Goethe und Newton unterschieden sich in einem Kernpunkt, nämlich dem des Lichts. Für Goethe gehen die Farben aus den Leiden und Freuden des Lichts hervor. Für ihn ist das Licht eine ideale, nicht mehr aufteilbare Größe. »Licht und Geist, jenes im Physischen, dieser im Sittlichen herrschend, sind die höchsten denkbaren unteilbaren Energien.«[9] Goethe sah letztendlich das Licht als Gott, eine Ansicht, die wir aus vielen Religionen kennen (zum Beispiel der Lichtvers im Koran). Newton dagegen sah das Licht phänomenologisch, das heißt wenn er vom Licht sprach, dann meinte er das Sonnenlicht, das er mit dem Prisma aufspalten konnte. Goethe hat ferner von der Wahrnehmung her die Farben betrachtet. Newton sah Farbe hauptsächlich als physikalisches Phänomen an. Beide Betrachtungsweisen haben ihre Berechtigung.

Licht und Finsternis stellen sowohl einen Gegensatz als auch eine Ergänzung dar. Nach vielen Schöpfungsmythen geht das Licht aus der Finsternis hervor. Das Licht ist das Sekundäre, das Abgeleitete, so wie das Bewusstsein aus dem Unbewussten entstand. Indem das Licht aus der Finsternis hervorgeht, entstehen die Farben.

Wo in Kunst und Literatur ein ungewöhnlich klares Licht und große Farbintensitäten vorherrschen, wird meistens auf höhere Bewusstseinsbereiche verwiesen. In ihnen spricht das (Höhere) Selbst zu uns. Gedämpftes Licht und Grautöne charakterisieren oft das persönliche Unbewusste. In ihnen zeigt sich die Dynamik der individuellen Gefühle.

Die Physik hat sich seit dem neunzehnten Jahrhundert eingehend mit Licht und Farbe beschäftigt und besonders den Zusammenhang zwischen Licht, Farbe und Materie näher betrachtet. 1802 entdeckte William Hyde Wollaston (1766–1828) im reinen Spektrum dunkle Streifen, die dann zwölf Jahre später Josef von Fraunhofer (1787–1826) genau untersuchte (zum Ärgernis Goethes). Fraunhofer kam durch diese relativ regelmäßigen Streifen zu einem festen Bezugssystem im Spektrum, das es ermöglichte, genaue Messungen der Farbstrahlung vorzunehmen. Im Anschluss an diese Untersuchungen ergab sich unter anderem die Erkenntnis, dass die Farben des Spektrums glühender Stoffe Rückschlüsse auf die elementare Zusammensetzung dieser Stoffe zulassen. Der deutsche Chemiker Robert Wilhelm Bunsen (1811–1899) und der deutsche Physiker Gustav Robert Kirchhoff (1824–1887) entdeckten 1859 die Spektralanalyse, womit es möglich wurde, aus der spezifischen Farbzusammensetzung des Spektrums auf die elementare Zusammensetzung eines Stoffes zu schließen. Und wie die so genannte Spektralanalyse die Information der Elemente birgt, so nahmen auch die Pioniere der Farblichtbestrahlung an, dass die Farbe die Information der Elemente nicht nur als Schwingung, sondern auch materiell (Korpuskelmodell des Lichts) enthält.

Zu Beginn dieses Jahrhunderts stellte der deutsche Physiker Max Planck (1858–1947) fest, dass Licht aus so genannten Quanten besteht, die man sich als kleinste Partikel vorstellen kann. Dem deutschen Physiker Albert Einstein (1879–1955) gelang es, an Planck anknüpfend, die Doppelnatur des Lichts nachzuweisen, indem er Licht sowohl als Korpuskel (kleine Partikel) als zugleich auch als Welle erkannte. Damit stimmen die mit Farblicht heilenden Therapeuten überein, die sowohl von Lichtquanten ausgehen, die materiell auf den Körper wirken (Korpuskelmodell), als auch von der Schwingungsresonanz der Zellen des menschlichen Körpers (Wellenmodell).

In der Malerei war Vermeer neben Rembrandt und Caravaggio einer der großen Meister des Lichts. Der französische Filmregisseur Jean-Luc Godard betrachtete Vermeer mit seinem spielerischen Einsatz des Lichts als einen Vorläufer des Films, eine Ansicht, die der englische Regisseur Peter Greenaway teilte, der in seinem metaphorischen Film »A Zed & Two Noughts« Licht und Farben der Bilder Vermeers nachbildete.

Lichtbeständigkeit

➢ **Farbechtheit**

Lichtbrechung

auch Refraktion in der Physik genannt.

Unter der Lichtbrechung versteht man eine Richtungsänderung der Lichtwellen, wenn diese durch ein Medium gehen. Durch Wassertropfen wird beispielsweise das Licht beim Regenbogen gebrochen und ein prismatischer Glaskörper bricht weißes Licht in die Regenbogen- oder prismatischen Farben. Das liegt daran, dass Licht unterschiedlicher ➢ Wellenlänge (= unterschiedlicher Farbe) verschieden stark gebrochen wird (was Isaac Newton als Erster erkannte, ➢ Licht). Es gilt das Gesetz, dass die Lichtbrechung umso stärker ist, um so mehr Lichtwellen notwendig sind, das brechende Medium zu durchqueren. Das bedeutet: Licht mit hoher ➢ Frequenz (zum Beispiel blau und violett) wird stärker gebrochen als Licht mit niedrigerer Frequenz (zum Beispiel rot).

---

9 Goethe, J.W.v.: Sprüche in Prosa. In: Farbenlehre, a.a.O., Bd. III, S. 264.

LICHTFARBEN

stellen den Gegensatz zu den ➤ Körperfarben dar. Bei ihnen gibt es andere ➤ Grundfarben und es mischen sich die Farben anders. Die Unterschiede zwischen Licht- und Körperfarben können Sie der folgenden Tabelle entnehmen.

Lichtfarbe	Körperfarbe
selbstleuchtend	reflektierend und absorbierend
Mischung	
additive Mischung (Aufhellung)	subtraktive Mischung (Verdunkelung)
Primärfarben	
R Rot	Blau (Cyan)
G Grün	Rot (Magenta)
B Blau	Gelb (Yellow)
Farbkontinuum	
linear, Farben entfernen sich von Rot bis Violett voneinander	kreisförmig, alle Farben gehen ineinander über
Komplementärfarben	
eine aus dem Spektrum isolierte beliebige Farbe verhält sich komplementär zu der Mischfarbe, die sich aus den restlichen Farben ergibt	stehen sich im Farbkreis gegenüber Rot – Grün Gelb – Violett Blau – Orange

LIEBLINGSFARBE

➤ **Emotionale Farbwirkung**

ist diejenige Farbe, die man am meisten mag (➤ emotionale Farbwirkung). Allerdings ist hierbei zu bedenken, dass die spontan bezeichnete Lieblingsfarbe auf keinen Fall für alle Bereiche gilt, in denen Farben eine Rolle spielen. Es ist häufig, dass man bei der Kleidung, beim Auto, der Wohnungseinrichtung von seiner Lieblingsfarbe abweichende Vorlieben hat. Genauer müsste man von der Lieblingsfarbe in bestimmten Bereichen reden.

LIPPENSTIFT

Farbe im Gesicht prägt stark das optische Erscheinungsbild. Grundsätzlich geht man in der Kosmetik davon aus, dass schmale Lippen mit hellen Farben anmutig wirken, wohingegen volle Lippen mit dunklen Farben günstig erscheinen. Vom ➤ Farbtyp her werden dem Sommer- und Wintertyp die Lippenstiftfarben des rosa und violetten Bereichs empfohlen, dem Frühling- und Herbsttyp dagegen orange bis braune Töne.

In Ägypten und Rom zogen die Frauen ihre Lippen mit schwarzer, grüner und dunkelroter Farbe nach.

LITHOGRAFIE

Der Münchner Drucker Aloys Senefelder erfand am Ende des 18. Jahrhunderts die Lithografie, eine Drucktechnik, die darauf beruht, dass Fett kein Wasser annimmt. Der Künstler malte ursprünglich mit einem Fettstift sein Bild auf einen Stein, von dem aus das Bild gedruckt wird. Mit Entwicklung der Druckmaschinen wurde diese Technik verfeinert und seit dem 19. Jahrhundert hauptsächlich für Poster mit großen Farbflächen verwandt. Henri Toulouse-Lautrec wurde durch seine Lithografien berühmt. Durch ihn wurde die Lithografie als Kunst anerkannt.

LITURGISCHE FARBEN

abhängig vom Kirchenjahr wechselnde Farben der liturgischen Gewänder und Tücher in der christlichen Kirche. 1570 und mit leichter Änderung 1970 wurden für die katholische Kirche folgende Farben festgelegt:

Rot	Palmsonntag, Karfreitag, Pfingsten, Feste der Apostel und Märtyrer
Grün	alle Sonntage (außer in der Weihnachts- und Osterzeit)
Violett	Advent und Fastenzeit, Totenmessen (auch schwarz möglich)
Schwarz	wird durch Violett vertreten, nur bei Totenmessen möglich
Weiß	Ostern, Weihnachten, Feste des Herrn, der Heiligen und Marienfeste

Anglikanische und lutherische Kirchen übernehmen diese Farben, führten aber – auf Martin Luther zurückgehend – Schwarz als Farbe für den Karfreitag in ihren Kirchen ein.

Orange und Gelb fehlen bei den liturgischen Farben der katholischen Kirche.

Die orthodoxe Kirche kennt keine festgelegten liturgischen Farben und die reformierten Kirchen gaben von ihrem Selbstverständnis her diese Tradition mehr oder weniger auf.

LUKAS

Christlicher Schutzpatron der Maler und all derjenigen, die mit Farbe umgehen.

Der Legende nach hat der Grieche Lukas, der nicht dem jüdischen Bilderverbot verpflichtet war, das erste Muttergottesbild gemalt. Dies war der Anfang der Madonnenmalerei, der jedoch zugleich einen großen Tabubruch darstellte, der zu dramatischen Auseinandersetzungen unter den frühen Christen führte.

M

M – MAGENTA

> ➤ **Druckfarben**

Im Druck Grundfarbe Rot. Es handelt sich hierbei um ➤ Purpur, ein kaltes Rot, das auch Rotviolett genannt wird und eine ➤ Wellenlänge von knapp um 390 nm besitzt.

Magenta wurde von Goethe Purpur genannt.

Magenta entsteht im Auge durch die Mischung von rotem und blauem Licht.

Magenta ist der italienische Ausdruck für Purpur. Die Begründerin der anthroposophischen Maltherapie Liane Collet d`Herbois setzt Magenta und Purpur gleich (als Engländerin [1907 in Tintagel/Cornwall geboren] verwendet sie selten den Ausdruck »purple« für Purpur, da er im Englischen die Konnotation Violett besitzt).

Als Künstlerfarbe entspricht *Brillant Purple 1* in etwa dem genormten Magenta.

Außer wenn man Drucker ist, trifft man Magenta selten in unserer alltäglichen Umgebung an. Rubine und Saphire zeigen öfters einen Magentaton.

Magenta ist auch der Name einer holländischen Künstlergruppe um Liane Collot d`Herbois, die von 1967-1987 die Farbenlehre Goethes studierte und diese zu einem anthroposophischen Schulungsweg umwandelte.

MALGRUND

Es gibt unterschiedliche Malgründe, von deren Eigenschaft es abhängt, wie die Farbe wirkt. In der Frühzeit der Menschheit wurde auf Stein und Holz gemalt. Holz war der verbreitetste Malgrund bis weit in 17. Jahrhundert hinein, obwohl im Spätmittelalter bereits einige Maler zu Leinwänden übergingen, da die Formate zunehmend größer wurden. Im 15. Jahrhundert wird bereits der Keilrahmen mit stabilisierenden Querverbindung benutzt, um die Leinwände zu spannen. Seit mindestens 6000 Jahren etwa sind Flachs- und Hanfleinwände bekannt, wohingegen Baumwollleinwände erst gegen Ende des 19. Jahrhunderts gebräuchlich werden. Wichtig beim Malgrund und speziell bei der Leinwand ist die Grundierung, von der die Leuchtkraft und Haftung der Farbe abhängt. Es gibt eine große Zahl von Rezepturen für Grundierungen, die Künstler früherer Zeiten verwandten, heute jedoch arbeiten viele Kunstmaler auf Gewebe, das industriell grundiert wurde.

Beim Malgrund Holz ist eine gute Ablagerung wichtig, damit Risse vermieden werden. Heute werden – schon aus Kostengründen – vorgrundierte Hartfaserplatten oder kaschierter Karton statt Holz benutzt. Selten wurden auch Metallplatten als Malgrund benutzt. Die bekanntesten Bilder auf Metalluntergrund sind die von Giorgio Vasari (1511–1574) und jene der holländischen Miniaturmalerei des 16. und 17. Jahrhunderts.

Heutzutage wird wahrscheinlich am häufigsten auf Papier gemalt. Papier kam erst im Spätmittelalter auf und verdrängte zunehmend das Pergament. Moderne Künstlerpapiere und Kartons sind holzfrei, da sich sonst das Papier durch Lichteinfluss verfärbt. Einfluss auf die Farbwirkung hat speziell die Leimung des Papiers, die bestimmt, wie saugfähig dieser Malgrund ist. Nur so genanntes »neutralgeleimtes Papier« (das säurefrei ist) verändert sich mit der Zeit nicht farblich.

MANGANPIGMENTE

Das erste Manganpigment wurde aus Braunstein, Ammoniak und Phosphorsäure 1868 von Leykauf in Nürnberg hergestellt. Es wurde »Nürnberger Violett« genannt und ist heute noch im Handel. Das Pigment ist lichtecht, es erzeugt ein Blau von stark violetter Tönung.

MARKER

Um das Jahr 1960 kam ein neues Schreibgerät auf, dass schnell beliebt werden sollte: der Marker. Der Vorteil dieser Marker besteht darin, dass man mit entsprechenden Stiften auf fast jeder Oberfläche zeichnen oder schreiben kann. Marker gibt es in fast allen Farben. Sie sind meist Faserstifte. Die ➤ Tinte wird aus einer Faserspitze verschrieben, die in einem mit Tinte gefüllten Faserstab steckt. Man unterscheidet Permanent-Marker, die auf nahezu allen Flächen gut haften, und so genannte White-Board-Marker, die von glatten Tafeln trocken abwischbar sind.

MAUVE

Eine braunviolette Farbe, die der englische Chemiker William Perkin fand, als er über Chinin forschte. Er stieß dabei auf einen Anilinfarbstoff, der Seide und Baumwolle in einem violett färbte, dass Perkin in Anlehnung an die Malve »Mauve« nannte. Mauvein war der erste Anilinfarbstoff. Durch ihn wurde die Farbe Mauve in der Mitte des 19. Jahrhunderts zur Modefarbe und Perkin ein reicher Mann.

MENNIGE

wasserunlösliche Bleioxid-Farben, meist leuchtend rot, die oft als Anti-Korrosionsmittel für Metalle verwendet werden.

MENTALE FARBWIRKUNG

Die mentale Reaktion auf Farbe haben eingehend die Architekten, Schlossbaumeister und Gartengestalter spätestens seit dem Zeitalter des Barock studiert. Es zeigt sich, dass die Farbe einen erheblichen Einfluss auf die Raumwirkung ausübt. Ein roter Raum wirkt kleiner als ein blauer. Möchte man eine niedrige Decke optisch heben, so kann das mit einem blauen Anstrich geschehen.

Ferner ist zu bedenken, dass die menschliche Reaktion auf Farbe durch uralte Assoziationen und Archetypen geprägt ist, die immer bei jeder Farbwirkung mit angesprochen werden, genauso wie das gesamte Wissen des Sehenden über diese Farbe. Rot tendiert unter anderem deswegen zur aggressiven Wirkung hin, da der griechische Kriegsgott Ares und der römische Mars als Verkörperungen der aggressiven Seite im Menschen rot dargestellt werden. Das ist nicht nur in unserer Kultur so, auch in Ostasien wird der zerstörerische Aspekt der Göttin Kali rot dargestellt. Rot wird sogleich mit Blut und Feuer verbunden, beide sind mit dem Krieg und mit der Aggression eng assoziiert. Alles das wirkt meist unbewusst, wenn wir eine Farbe sehen, und prägt unsere Reaktion maßgeblich mit.

METALLFARBEN

Zu den klassischen Metallfarben gehören Gold, Silber und Kupfer, die als Aquarellfarben, Farbstifte, Öl- und Acrylfarben hergestellt werden. Für den großflächigeren Auftrag von Metallfarben wird zum Beispiel in der Ikonenmalerei echte Goldfolie oder auch Silberfolie benutzt. In der ➢ Buchmalerei war teilweise Blattgold beliebt (wie auch lange Zeit bei Bilderrahmen).

Ferner werden auch Farben, die sich wie ➢ Mennige als Anstrich für Metalloberflächen eignen, Metallfarben genannt.

METALLIC

➢ **Autofarben**

Jede ➢ Oberflächenfarbe kann mit einem Metallic-Glanz versehen werden. Besonders bei Spritzlacken bekommt die Farbe eine Tiefe und Lebendigkeit und bildet eine härtere Oberfläche als bei gewöhnlichen Farben.

MISSFARBE

Farbe, die öfter als einmal gemischt wurde. Sie wird auch Tertiärfarbe genannt.
Bunte Grautöne sind zum Beispiel Missfarben, da eine ➢ Primärfarbe mit ihrer ➢ komplementären Farbe gemischt wird, die wiederum eine Mischfarbe darstellt. Unbunte Grautöne sind keine Missfarben, da sie nur einmal aus ➢ Schwarz und ➢ Weiß gemischt werden.

MODEFARBEN

zeichnen sich meist durch undefinierte Farbbezeichnungen aus, dennoch ist es klar, diese Saison ist unbunt in, in der nächsten sind Grüntöne in, dann Graues und darauf Rotes. Solche Trends sind nicht zufällig, sondern von zwei wesentlichen Faktoren abhängig
- neue Vorlieben werden durch Trend-Scouts meist an Jugendlichen erforscht
- Übersättigung mit einer bestehenden Modefarbe

Was einem wirklich steht, wird nicht allein vom ➢ Farbtyp nach dem Bauhauslehrer J. Itten bestimmt, sondern wird vom so genannten Modediktat stark überlagert, von dem nach vielen Untersuchungen keiner frei ist, aber sich viele frei fühlen.

MONOCHROM

(Griech. für »einfarbig«)
einfarbig – der Gegensatz zu ➢ polychrom.
Der französische Maler Yves Klein wurde für seine monochromen blauen Bilder berühmt. Klein brachte zusammen mit dem italienischen Maler Lucio Fontana (1899–1968) die monochrome Malerei in die Galerien.

MOSAIK

Ein aus kleinen farbigen Steinen oder Glasstückchen zusammengesetztes Design. Diese Technik wurde seit den Sumerern im dritten Jahrtausend vor unserer Zeitrechnung zur Verzierung von Gebäudeteilen verwand. Die Griechen und Römer benutzten kleine quadratische, verschieden farbige Marmorstücke, mit denen sie hauptsächlich Böden verzierten. Frühe christliche Mosaiken benutzten farbiges Glas, wodurch die Darstellung stark glitzerte. Bei späteren Mosaiken, die häufig auch als Wandverzierungen dienten, war die Farbe Gold beliebt. Der warme Goldton kam dadurch zustande, dass Blattgold auf rotgefärbte Mosaiksteine gelegt wurde.
Die Bilder, die die Mosaiken darstellten, wurden auf dem Untergrund vorgemalt. Großartige Mosaiken sind in Ravenna im Mausoleum Galla Placidia und in der orthodoxen Taufkirche zu sehen.
Der österreichische Maler Gustave Klimt (1862–1918) wurde stark von den byzantinischen Mosaiken beeinflusst, die er in Ravenna studierte.

NACHBILD

➢ **Simultankontrast**
➢ **Sukzessivkontrast**

Das Nachbild stellt nach Goethe »die vom Auge geforderte Farbe« dar. Da das ➢ Auge stets bemüht ist, einen mittleren Ausdruck zu schaffen (➢ Sehen), reagiert es auf einen intensiven und/oder längeren Farbeindruck mit der ➢ Komplementärfarbe, wenn es danach auf ein relativ neutrales Medium schaut. Das Nachbild kommt physiologisch durch das langsame Abklingen der einseitigen Netzhautreizung zustande, wodurch ihre Lichtempfindlichkeit in der betroffenen Zone für kurze Zeit herabgesetzt ist.
Ein ähnliches bedingtes Phänomen ist der ➢ Simultankontrast. Simultankontrast und Sukzessivkontrast unterscheiden

sich dadurch, dass beim Simultankontrast die komplementäre Nachbildfarbe (an den Rändern des Gesehenen) sogleich auftritt, beim Sukzessivkontrast tritt das Nachbild nach der Fixierung des Gesehenen auf.

NANOMETER

Abkürzung: nm

Längeneinheit, die bei der Angabe der ➤ Wellenlängen benutzt wird.

1 nm = 10^{-9} m

NEAPELGELB

Seit der babylonischen Zeit vor etwas mehr als 2500 Jahren ist dieses ➤ Pigment belegt. Es wird aus Blei und Antimon gebildet und ergibt eine leuchtend gelbe Farbe.

NEONFARBEN

sind moderne, meist grelle Farben. Jede Farbe kann auch in einem leuchtenden Neonfarbton hergestellt werden.

NEWTONSCHE RINGE

➤ **Interferenz**

Newtonsche Ringe, oder auch Newtonsche Farbringe genannt, entstehen durch Interferenzerscheinungen von zwei oder mehreren Lichtstrahlen. Dabei entstehen meist regelmäßige Kreise mit unterschiedlichen, schimmernden Farben (bei glasgerahmten Diapositiven kann man häufig Newtonsche Farbringe beobachten, wenn Feuchtigkeit zwischen Glas und Dia gelangt ist).

NORDLICHT/POLARLICHT

auch auf der Nordhalbkugel »Aurora Borealis«, auf der Südhalbkugel »Aurora Australis« genannt.

Nordlichter werden durch die Protonen- und Elektronenflüsse der Sonnenwinde hervorgerufen, die das Magnetfeld der Erde erreichen und in 100 bis 800 Kilometer Höhe auf Sauerstoffatome und Stickstoffmoleküle stoßen. Dabei senden die Gase Lichtquanten ab, die vom Beobachter auf der Erde als blaue, grüne, gelbe oder rote Farbvorhänge erscheinen, die um den Nachthimmel wallen. Diese Lichterscheinung, die in Europa am besten in Tromsö/Norwegen zu beobachten ist, erscheint als ein Oval, das zwischen 16 und 24 Grad vom Magnetpol entfernt ist. Da sowohl die Aurora Borealis als auch die Aurora Australis in so großen Höhen entstehen, sind sie über weite Entfernungen hin sichtbar.

OBERFLÄCHENFARBE

auch Körperfarbe genannt.

Oberflächenfarbe ist diejenige Farbe, die auf einer materiellen Oberfläche erscheint (im Gegensatz zur ➤ Lichtfarbe). Der spezifische Farbeindruck kommt dadurch zustande, dass das Farbpigment wie ein Filter wirkt. Es filtert alle farbigen Lichtstrahlen aus oder absorbiert sie, außer diejenigen, dessen Farbe der Gegenstand trägt.

Alle Oberflächenfarben setzen sich aus deren ➤ Primärfarben Rot, Gelb, Blau zusammen. Sie mischen sich ➤ subtraktiv, da die Mischung ein Lichtverlust bedeutet, weswegen sich alle Oberflächenfarben schwarz (im Idealfall) ausmischen.

OCKER

Erdpigment, das Gelb- und Brauntöne erzeugen kann. Es ist haltbar und beeinträchtigt andere Farben nicht bei der Mischung. Schon zur Eisenzeit wurde es als Malpigment benutzt (älteste Funde in Afrika 42 000 Jahre alt und 30 000 Jahre alt in Lovas am Plattensee), den Griechen und Römern war es unter dem Namen »Sil« oder »Ochra« bekannt. Es wurden wegen seiner hervorragenden Maleigenschaften zum beliebtesten aller Farbpigmente.

Heute werden meist »Standard-Ocker« industriell, mit fest definierten Farbtönen hergestellt. Sie sind hervorragend lichtecht, decken gut.

Ocker war eine der Modefarben im Jahr 2005, allerdings steht es meistens nur Schwarzhaarigen gut. Im alten Ägypten und später bei den Etruskern bestand die Malkonvention, Frauen in Ockertönen darzustellen.

ÖLFARBEN

Glänzende, ölige Farben, die lasierend bis deckend eingesetzt werden können. Sie sind im Maße wasserfest und witterungsbeständig. Ihren Namen erhielten sie durch die Öle, die als ➤ Bindemittel verwendet werden und der Farbe oft eine pastöse Konsistenz geben.

Entscheidend für die Wirkung dieser Farben sind die Eigenschaften ihrer Pigmente und Bindemittel. Während die früheren Maler eigene, oft geheim gehaltene Rezepturen entwickelten, werden heute Bindemittel von den Farbherstellern benutzt, die Konsistenz und Trocknung der Farbe regulieren. Dabei ergeben sich weitgehend lichtechte Farben, die nicht durch das Bindemittel vergilben. Auch das alte Problem der Rissbildung durch Schrumpfen der Ölfarbe ist heute gelöst. Seit dem 8. Jahrhundert werden Ölfarben verwendet, allerdings machten die Brüder Hubert und Jan van Eyck sie erst im 15. Jahrhundert populär. Einen besonderen Stil entwickelte Tizian (1477–1576), der modern anmutend die Ölfarbe mit

Pinsel, Finger, Handballen und Spachtel auftrug. Mit Peter Paul Rubens (1577–1640) und Rembrandt van Rijn (1606–1669) erreicht die Ölmalerei ihre Vollendung. Der englische Maler und Drucker William Blake (1757–1827) lehnte den Gebrauch von Ölfarben ab.

OLIVE

> ➤ **Grau/Grautöne**

unbunter Grauton, Benennung durch den Maler Adolf Hölzel nach der Frucht des gleichnamigen Baums.

OP-ART

> ➤ **Flimmereffekt**

Abkürzung für »Optical Art«.

Der Begriff wurde erstmalig 1964 im *Time Magazine* gebraucht. Ein Charakteristikum der Op-Art sind optische Illusionen, was sich typisch in den Bildern von Victor Vasarely und M.C. Escher zeigt. In Bezug auf die Farbe wählt der klassische Op-Art-Künstler entweder nur ➤ Schwarz und ➤ Weiß oder er setzt Farben bewusst so gegenüber, dass räumliche Illusionen und Bewegungen entstehen.

OPSIN

> ➤ **Rhodopsin**
> ➤ **Zäpfchen/Zapfen**
> ➤ **Farbenblindheit**
> ➤ **Rot-Grün-Blindheit**

Ein Protein im Riesenmolekül Rhodopsin, das in dreifacher Form vorkommt und so je auf Rot, Grün und Blau reagiert. Alle drei Opsine besitzen ein unterschiedliches Gen. Da sich die Gene für das Rotsehen und das Grünsehen auf dem X-Chromosom befinden, können Frauen Gendefekte, die sich auf diese Opsingruppen auswirken, leicht kompensieren, da sie im Gegensatz zu Männern zwei X-Chromosome aufweisen. Aus diesem Grund tritt die ➤ Rot-Grün-Farbenblindheit bei Frauen weniger auf.

OPTISCHE GITTER

sind ➤ Interferenzerscheinungen, die beispielsweise entstehen, wenn kleine Vertiefungen und Erhöhungen sich auf einer Oberfläche abwechseln. Sie sind für den Farbeindruck einer CD oder DVD verantwortlich, auf die Licht fällt.

ORLEAN

Oranger Farbstoff, der von einem Strauch stammt, dessen Samenkapseln zur Färbung von Genuss- und Lebensmitteln genutzt werden.

PANTONE-FARBEN

Die weltführende amerikanische Firma zur Farbkommunikation entwickelte einem Farbfächer mit 1114 Farbnuancen. Designer, Verlage, Druckereien und Großfirmen beziehen hier ihre genormten Farben zum Beispiel für Logos her.

PASTELLFARBEN

Der Name »Pastell« geht auf das Italienische *pastello* zurück, das den geformten Farbteig bezeichnet. Die charakteristische Eigenschaft von Pastellfarben sind ihre stufenlosen Übergänge von Ton zu Ton, die durch Verwischen erzeugt werden.

Pastellfarben sind in einen Stift gepresste Farben, die nur leicht an der Oberfläche haften und deswegen nicht wischfest sind. Meistens werden Pastellfarben durch ein Fixativ-Spray haltbar gemacht. Die Farben bestehen aus feinkörnigen Farbpigmenten, die mit Kaolin, Ton, Kreidestaub oder Bleiweiß und etwas Bindemittel (meist Tragant) versetzt und feucht in Form gepresst werden. Nach dem Trocknen ist der Stift oder die Kreide einsatzbereit. Grundsätzlich gilt: je mehr Tonbeimischung, desto härter der Stift oder die Kreide. Die Weißzumischung gibt den Pastellfarben ihren hellgebrochenen Charakter, der dem Rokoko-Geschmack sehr entgegen kam. Wegen der Weichheit der Farben lassen sich Farbschichten gut übereinander legen und Korrekturen sind leicht möglich, da die Farbe zur Not vom ➤ Malgrund vollständig entfernt werden kann. Wegen des größeren Abriebs empfiehlt sich ein Papier mit rauer Oberfläche. Die Nachteile der Pastellfarben liegen in ihrer Anfälligkeit für Staub, Feuchtigkeit, Erschütterungen und Licht.

Die Anfänge der Pastellmalerei liegen im 15. Jahrhundert. Im 16. Jahrhundert wurde im Kreis um Leonardo da Vinci diese Trockenmalerei gepflegt und im 17. Jahrhundert wurden die Bildnisse von Ludwig XIV. von Charles Le Brun berühmt, die dieser mit Pastellfarben in kurzer Zeit dem König gegenüber sitzend schuf. Das 18. Jahrhundert (speziell in Frankreich und Italien) war die Blütezeit der Pastellmalerei. Der Rokoko-Mensch liebte helle, zarte Farbtöne. Allerdings mit dem folgenden Klassizismus gerät die Pastellmalerei in Vergessenheit, um erst wieder im 19. Jahrhundert von den Impressionisten, allen voran Edgar Degas (1834–1917), wieder aufgenommen zu werden. In Deutschland malten Franz von Lenbach (1836–1904) und Adolf Menzel (1815–1905) viel beachtete Pastellbildnisse. Im 20. Jahrhundert haben fast alle anerkannten Künstler wie Picasso, Miro, Munch und Klee in Pastell gearbeitet.

Der Ausdruck »Pastellfarben« wird auch bisweilen generell für alle weißgebrochenen Farbtöne (nicht ganz korrekt) benutzt.

PFIRSICHBLÜT

Bei Rudolf Steiner die Farbe des »Inkarnats«, das heißt des inkarnierten Menschen. Es ist ein helles Kobaltviolett mit starken Rotanteilen. Steiner empfiehlt, diese Farbe aus Rot, Schwarz und Weiß zu mischen. Steiner betont ferner, dass diese Farbe dem > Purpur beziehungsweise dem > Magenta nahe steht.

PHYSIOLOGISCHE FARBWIRKUNG

Die physische Wirkung der Farben ist beim Wechsel der Tages- und Jahreszeiten zu spüren. Mit der Veränderung des Lichts vom Rotorange des Tages zum Dunkelblau der Nacht schaltet unser Körper von Aktivität auf Ruhe um. Aber erst 1979 konnten die beiden Chemiker K. Martinek und I.V. Berenzin beweisen, dass der Farbe eine wichtige Rolle bei der Regulierung von Körperaktivitäten zukommt.[10]
Die physische Reaktion auf Farben ist weitgehend erforscht, wobei hauptsächlich Versuche mit warmen und kalten Farben durchgeführt wurden, für die 1903 der dänische Professor Niels Ryberg Finsen (1860–1904) den Nobelpreis erhielt. Finsen arbeitete in seinem 1896 gegründeten Licht-Institut zur Heilung von Tuberkulose in seiner Versuchsanordnung mit der Wirkung verschiedenfarbiger Räume und teilweise auch mit Farblichtbestrahlung. Dabei ergab sich, wie zu vermuten war, dass bei gleicher Temperatur ein blauer Raum kälter und ein roter oder gelber wärmer wirkt – und zwar um drei bis vier Grad Celsius im Verhältnis zur gemessenen Raumtemperatur. Versuchspersonen frösteln in blauen Räumen schon bei 15 Grad Celsius, in roten Räumen erst ab elf Grad Celsius. Das geschieht nicht nur bei Sehenden, sondern auch bei Blinden, was zeigt, dass die Strahlung der Farbe auch von den Hautzellen deutlich wahrgenommen wird. Als Finsen unter anderem dieses Phänomen wissenschaftlich untersuchte, stellte er fest, dass Blau und Blaugrün die Blutzirkulation dämpft, während sie bei Rot und Rotorange angeregt wird. Finsen machte als Erster auf den typischen »Rothunger« von Tuberkulosekranken aufmerksam und er erkannte später, dass Gallenkranke Gelb ablehnen.
Nach Forschungsberichten der deutschen Farbforscherin L. Eberhard sollen in psychiatrischen Anstalten in England gute Erfolge mit so genannten Tobsüchtigen erzielt worden seien, die in eine blaue Zelle kamen.[11] Nach diesen Untersuchungsergebnissen sollte man Depressiven eine orangene Umgebung geben. Da Rot sie ins Manische umschlagen lassen kann, sollte man diese Farbe bei Depressiven vermeiden. Das warme Orange oder ein goldgelber Farbton aktiviert diese Patienten genug und gibt ihnen zugleich die fehlende Wärme.
Zu Anfang des zwanzigsten Jahrhunderts erkannte der deutsche Arzt Georg von Langsdorff, dass der menschliche Körper auf Rotlicht (rote Farblichtbestrahlung) mit der Ausdehnung seiner Gefäße reagiert, die er bei Blaulicht zusammenzieht. Später fand von Langsdorff heraus, dass Bewegungsstockungen durch Rotlicht aufgehoben werden können. Bei nervösen Leiden dagegen vermindert man die Motorik durch Blaulicht. Alle Praktiker des Farbheilens berichten übereinstimmend, dass Rotlicht zumindest heilungsunterstützend bei allen Arten von Hautkrankheiten, Scharlach, Masern und Asthma wirkt, während blaues oder auch violettes Farblicht alle nervösen Leiden und Angstzustände mindert. Gelbes Farblicht wirkt hauptsächlich auf die Verdauungs- und Ausscheidungsorgane.
Andere Untersuchungen zeigen, dass der menschliche Körper von Blau abgestoßen, von Rot angezogen wird. Das ist sogar der Fall, wenn die Versuchsperson nicht weiß, welches Farblicht auf sie gerichtet wird. Diese Untersuchungen beweisen, dass alle physischen Veränderungen des Körpers durch die Farbe vom Nervensystem bewirkt werden, das in erster Linie auf die verschiedene Wirkung der einzelnen Farben auf die Hautzellen reagiert.

PIGMENT

heißt »farbgebende Substanz«.

Pigmente sind physikalisch gesehen lichtstreuende Medien. Sie bestehen meist aus zu Pulver zermahlten Pflanzen-, Mineral-, tierischer oder chemisch im Labor hergestellter Substanz. Pflanzliche und tierische Pigmente sind wenig lichtecht. Pigmente werden zum Malen mit > Binde- und Haftmittel versetzt, wobei diese die Lichtechtheit mit beeinflussen. Wichtig für die Farbwirkung ist die Lösungsmittelechtheit, das heißt die Pigmente dürfen sich nicht im Binde- oder Lösungsmittel lösen. Pigmente liegen in Pulverform vor. Dieses Pulver besteht aus Kristallen, die »Korn« genannt werden. Je kleiner das Korn desto größer ist die Farbstärke des Pigments. Azurit mit einer Korngröße von über 1/100 mm gilt als grobkörnig und farbschwach, Ruß und > Indigo mit einer Korngröße von unter 1/1000 mm gelten als feinkörnig und farbstark.
Es werden organische und anorganische Pigmente unterschieden. Zu den anorganischen Pigmenten gehören natürliche und gebrannte Erde (wie Ocker und gebranntes Siena) und natürlich hergestellte Pigmente (Metallverbindungen wie zum Beispiel Kadmiumgelb, Kobaltblau und Titanweiß). Die organischen Pigmente enthalten Kohlenstoffverbindungen, die früher aus Pflanzen oder Tieren gewonnen wurden und heute synthetisch hergestellt werden.
Im Mittelalter war Venedig der zentrale Umschlagplatz für Pigmente speziell für Lapislazuli, > Zinnober, > Erdfarben und > Mennige. Aber erst mit der Entwicklung von Berliner Blau, > Scheeles Grün und Zinkoxid im 18. Jahrhundert entwickelte sich eine Pigmentindustrie. Im 19. Jahrhundert beginnt die chemische Industrie preisgünstige Pigmente auf der Basis von Chrom und Cadmium herzustellen und im 20. Jahrhundert wurde aus Titandioxid das bis heute meistverwendete Weißpigment industriell produziert.

10 Siehe K. Martinek; I.V. Berezin: Artifical Light-Sensitive Enzymatic Systems as Chemical Amplifiers of Weak Light Signals. In: Photochemistry and Photobiology, März 1979, S. 637 - 650.
11 L. Eberhard: Heilkräfte der Farben. (Drei Eichen) o.O. 1954, S. 138.

PINSEL

Vielfach wird Farbe mit dem Pinsel aufgetragen. Die feinen Kapillarkörper, die die gebundenen Haare des Pinsels entstehen lassen, regeln die Farbaufnahme wie auch die Farbabgabe des Pinsels. Je mehr Haare ein Pinsel besitzt, desto größer ist seine Farbaufnahme- und Farbgabefähigkeit. Pinsel aus Naturhaaren sind Pinsel aus synthetischen Fasern in Bezug auf diese beiden Fähigkeiten meist unterlegen, allerdings bewähren sie sich beim Vermalen von ➤ Acrylfarben. Synthetische Pinsel geben die aufgenommene Farbe schneller ab als zum Beispiel Rotmarder-, Iltis- und Fehpinsel (Feh: Haar eines russischen Eichhörnchens).

PIXEL

Abkürzung für Picture Element – Bildelement.

Es ist das kleinste Element in dem Punktraster, das ein Bild digital aufbaut. Der kleinste Teil jeder digitalen grafischen Darstellung ist ein Pixel – sozusagen ein digitales Bildatom. Für die Darstellung bunter Farben sind mindestens drei Pixel R Rot, G Grün und B Blau notwendig. Schwarz-Weiß-Darstellungen sind jedoch mit einem Pixel möglich (das entweder als Zustand ➤ schwarz oder ➤ weiß besitzt).

POINTILLISMUS

Von dem französischen Maler Georges Seurat (1859–1891) 1889 gegründete neoimpressionistische Malschule, deren weiterer wichtiger Vertreter Paul Signac (1863–1935) ist. Den Malern des Pointillismus ging es um die reine Farbe. Ihnen war deutlich, dass bei der ➤ subtraktiven Farbmischung die Farben ein Teil ihres Glanzes einbüßen. Um das zu vermeiden, verlegten sie den Mischvorgang ins Auge des Beobachters, indem sie aus kleinen reinen Farbpunkten, die eng nebeneinander gesetzt wurden, die Farbe im Auge entstehen lassen. Der Mischvorgang im Auge ist je deutlicher, desto weiter man sich vom Bild entfernt.

Seurat war in seinen Ansichten zur Optik und Farbenmischung von dem amerikanischen Physiker Ogden Nicholas Rood (1831–1902) beeinflusst, der vertrat, dass Farbmischungen durch das Auge, indem es zwei verschieden farbige Punkte nebeneinander wahrnimmt und deren reflektiertes Licht mischt, zu intensiveren Farberlebnissen führen, als auf der Palette gemischte Farben. Außerdem folgte der wissenschaftsgläubige Seurat auch der Scientific Aesthetic des amerikanische Mathematikers und Psychologen Charles Henry (1859–1926), in der Farben und Linien mit Gefühlen verbunden wurden. Gelb und aufsteigende Linien geben Freude wieder und Blau und absteigende Linien stehen für Leid.

POLARITÄT

Nach Goethes Farbenlehre baut das Farbensystem auf der Polarität von Blau und Gelb auf, wobei Blau ein Kind der Finsternis und Gelb eines des Lichts ist. Goethe erklärt die Polarität von Gelb und Blau von der Natur her: Man sieht den Himmel blau, da das ➤ Auge des Beobachters durch die Atmosphäreschichten auf den schwarzen Weltraum blickt. Man sieht die Sonne im Zenit gelb, da das Auge des Beobachters durch die Atmosphäreschichten auf das weiße Licht blickt. Die Polarität zeigt sich auch in der ➤ Farbwirkung. Jede Farbe ist polar aufgebaut, so kann Rot positiv anregend sein oder negativ zur Aggression führen, Gelb kann sowohl die Farbe der Aussätzigen und Verachteten als auch die der Glücklichen sein, Blau wirkt sowohl deprimierend als auch beruhigend und ausgleichend. Besonders deutlich wird diese innere Polarität einer Farbe bei den Farben Schwarz und Weiß.

Schwarz: beruhigend, beängstigend
Weiß: Hingabe, Macht

POLARLICHT

➤ **Nordlicht**

POLYCHROM (GRIECH. FÜR »VIELFARBIG«)

Im Gegensatz zu ➤ monochrom bezeichnet polychrom ein farbiges Bild.

POMPEJANISCHBLAU

➤ **Ägyptischblau**

PRIMÄRFARBEN

Farben, die nicht ermischbar sind. Auf sie lassen sich alle Farben zurückführen.

Bei ➤ Oberflächenfarben sind Blau (Druck: **C** Cyan), Rot (Druck: **M** Magenta) und Gelb (Druck: **Y** Yellow) die Primärfarben, bei den ➤ Lichtfarben sind **R** Rot, **G** Grün, **B** Blauviolett die Urfarben oder Primärfarben, deswegen spricht man bei Lichtfarben von ➤ RGB-System der Farben, bei den Flächenfarben vom ➤ CMYK-System (**K** ist hierbei ➤ Schwarz).

Bei den Lichtfarben verwendet man auch oft den Ausdruck »Urfarben« – für die drei Farben, aus denen das Auge die Farbe zusammensetzt – anstelle von »Primärfarben«.

Die drei Primärfarben sind an das menschliche Auge gebunden. Für Tiere gibt es andere Grundfarben gemäß der Physiologie ihres Auges. Welche Farbe eine Primärfarbe ist, hängt vom betrachteten Farbsystem ab. Der Ausdruck Primärfarben im Sinne von Hauptfarben wurde erstmalig in der Schrift »De arte illuminandi« (Neapel, 14. Jahrhundert) gebraucht.

PRISMA

➤ **Lichtbrechung**

bezeichnet einen meist einem im Schnitt dreieckigen Glaskörper, der Licht gemäß seiner ➤ Wellenlängen spektral zerlegt. Aber auch andere Medien wie Wasser können eine prismatische Brechung hervorrufen (zum Beispiel beim Regenbogen).

PRISMATISCHE FARBEN

> **Lichtbrechung**

Prismatische Farben entstehen durch Brechung weißen Lichts abhängig von seiner > Wellenlänge. Das erkannte Sir Isaac Newton als Erster.

PURISMUS

war eine Bewegung, die 1920 von dem Schweizer Architekten und Maler Le Corbusier (1887–1965) unter seinem bürgerlichen Namen Charles-Édouard Jeanneret und dem französischen Maler Amédée Ozenfant (1886–1966) als Überwindung des Kubismus gegründet wurde. Fernand Léger (1881–1955) war der Maler, der die puristischen Ideen am deutlichsten umsetzte. Dazu gehörte unter anderem, dass nur Primär- und Sekundärfarben benutzt werden, was auch Piet Mondrians (1872–1944) Bewegung de Stijl empfahl und Claude Monet (1840–1926) in seinen Bildern bereits zuvor praktiziert hatte.

PURPUR

Als Farbe entsteht Purpur durch die > additive Mischung von Orangerot und Violett. Es stellt die > Komplementärfarbe zu Grün dar und weist weder Gelb- noch Blauanteile auf. Wissenschaftlich und von Druckern wird es Magenta genannt.

Um 1500 vor unserer Zeitrechnung haben die Phönizier die Gewinnung des Purpurfarbstoffs aus der Purpurschnecke (hauptsächlich *murex trunculus* und *murex brandaris)* entdeckt. Je nach Gattung dieser Schnecken und dem Farbaufbereitungsvorgang ergeben sich unterschiedliche Purpurtöne. Vor allem stellte man den beliebten dunkelroten, mit einem Stich ins Blaue spielenden Purpur her und den violetten Purpur. Ferner stellte man den Blaupurpur – ein dunkles Blauviolett – her und den Schwarzpurpur, der etwa unserem heutigen Paynes-Blau entspricht. Es gab auch Mischungen, die ein zartes Lila ergaben. Letztendlich konnte man in der Purpurfärberei alle Töne zwischen rot und blau-schwarz herstellen.

Der Purpur wurde aus dem leicht gelblichen Schleim der Meeresschnecken hergestellt, die man in großen Gefäßen sammelte und unter bestialischem Gestank anfaulen ließ. Durch diesen Fäulnisprozess produzierten die Schnecken viel Schleim. Der Brühe aus Schleim und Schnecken wurde Salz zugesetzt. Der spätere Farbton hing unter anderem von der Menge des zugegebenen Salzes ab. Diese Brühe wurde zehn Tage gekocht, was den Gestank, für den die Färberstädte berühmt-berüchtigt waren, noch unerträglicher machte. Aus einhundert Litern dieser Schnecken-Schleim-Brühe bekam man nur fünf Liter Färbeextrakt. Dieser Färbeextrakt war kei-

neswegs purpur, sondern er zeigte eine gelbe Farbe. In ihn wurden die zu färbenden Stoffe gegeben, die sich danach unter Lichteinwirkung zuerst grün, dann rot und am Schluss purpur und violett färbten. Der Purpur entstand unter dem Einfluss des Sonnenlichts und sein schillernder Glanz nahm unter starkem Sonnenlicht zu, was für die damaligen Farben ungewöhnlich war. Zum Färben eines Königsmantels wurden etwa drei Millionen Purpurschnecken benötigt und dem Farbhistoriker Hans-Heinrich Vogt[12] zufolge kostete das Färben von einem Kilogramm Wolle etwa 3.500,- €. Damit konnten sich nur die Reichsten der Reichen purpurne Kleidungsstücke leisten. Heute wird der Purpur aus den Schnecken nur für Restauratoren frühmittelalterlicher > Buchmalerei hergestellt. Purpur wurde auch in Costa Rica, Mexiko und Japan hergestellt. In Mexiko pflegen noch heute viele ältere Frauen purpurne Röcke zu tragen, von denen sie sagen, dass deren Farbe mit jedem Waschen schöner wird.

Rotvioletter Purpur kann auch aus anderen Naturprodukten hergestellt werden wie aus der Malve, dem Lecanora-Moos (Nordafrika und mittlerer Osten), dem tropischen Blauholz *(lignum campechianum)* und der Alkanna-Wurzel *(alkanna tinct.)*, die aus Arabien stammt.

Allerdings gebrauchte man keine dieser Pflanzen zur byzantinischen Zeit, da sie keine lichtechte Farbe liefern und ihren Farben der geheimnisvolle Glanz des Purpurs fehlt. Im Gegensatz zu den Chemiefarben (> Anilinfarben etc.) sind diese Purpur-Farbtöne dynamisch und leicht schillernd, da sie aus ihrer Komplementärfarbe entstehen (> Grün), die im Farbeindruck im Hintergrund präsent zu sein scheint. Es gibt heutzutage fast keine lichtechten Purpur-Pigmente. In seiner Lichtechtheit ist der Purpur einmalig und übertrifft selbst das synthetisierte Anilin-Rotviolett, das auch > Mauve genannt wird.

Im Gegensatz zur Karriere anderer synthetisch hergestellten Farben war Purpur keineswegs ein Erfolg. Es konnte zwar seit Beginn des zwanzigsten Jahrhunderts chemisch billig hergestellt werden, war jedoch aus der Mode gefallen und somit unverkäuflich. Die Farbe Purpur geriet derart in Vergessenheit, dass nur wenige diesen Farbton, den der Duden dem Rot zuordnet, bestimmen können.

REAKTIONEN AUF FARBE

Es werden drei Reaktionen des Menschen auf die Farbe unterschieden, die alle in der experimentellen Psychologie gut erforscht sind:

- die emotionale Reaktion,
- die physische Reaktion und
- die mentale Reaktion.

---

12 Vogt, Hans-Heinrich: Farben in ihrer Geschichte. Stuttgart 1973.

Alle drei Reaktionen werden zugleich in denen als Eignungstests benutzten Farbtests geprüft und gemessen. Der bekannteste dieser Tests ist der Lüscher-Farbtest[13], der mit Hilfe der Farbzusammenstellung Denkstrukturen (mentale Reaktionen), Gefühlsausdruck (emotionale Reaktion) und Handlungsstärke (physische Reaktion) misst. Ferner sind noch der Farbpyramidentest nach R. Heiss[14] und der Test des deutschen Farbforschers Heinrich Frieling[15] zu nennen. Diese Tests zeigten nicht nur wesentliche Unterschiede in der Bewertung einer Farbe bei unterschiedlichen Kulturen auf, sie sind zugleich von Farbheilern als sensibles Diagnosemittel zu benutzen.

REFLEXION

Um sich die Reflexion des ➤ Lichts vorzustellen, die für den Farbeindruck bestimmend ist, genügt zunächst das einfache Modell, dass Licht wie ein Ball an einer Wand unter dem Winkel zurückgeworfen wird, unter dem es auftrifft. Schaut man sich die Reflexion genauer an, werden die auf die Oberfläche treffenden ➤ Photonen von den Atomen der Oberfläche eingefangen und dann über deren Elektronen wieder freigegeben. Wenn dies sich auch kompliziert anhört, bleibt doch das einfache Reflexionsgesetz gültig, dass der Einfallswinkel gleich dem Ausfallwinkel des Lichts ist.

REFLEXIONSFAKTOR

Der Reflexionsfaktor gibt an, welcher Anteil des Lichts von einer Farbprobe reflektiert wird. Das ideale ➤ Weiß würde den Reflexionsfaktor hundert Prozent, das ideale ➤ Schwarz den Reflexionsfaktor null Prozent aufweisen. Alle anderen Farben liegen zwischen diesen Werten.

REFRAKTION

➤ **Lichtbrechung**

REGENBOGEN

Der Regenborgen kommt durch ➤ Lichtbrechung an Wassertröpfchen zustande. Man kann nicht sagen, wie viele Farben der Regenbogen aufweist, da seine Farben ineinander übergehen. Isaac Newton nahm sieben Farben an, damit die Welt der Töne und die Farben sich gleichen.

Caspar David Friedrich (1774–1840) hat den seltenen Regenbogen bei Nacht gemalt »Landschaft mit Regenbogen« (1818). Allerdings würde bei den gemalten Lichtverhältnissen kein Regenbogen zustande kommen, was dieses Bild surreal wirken lässt.

13 Vgl. dazu Max Lüscher: Der Lüscher-Test. (Rowohlt) Reinbek 1971.
14 R. Heiss; P. Halder: Der Farbpyramidentest. Stuttgart 1975.
15 Hier wird auch die Anordnung von Farben wie im Farbpyramidentest getestet. Vgl. dazu genauer: Heinrich Frieling: Mensch und Farbe. (Heyne) München 1988, im Anhang.

Ein Regenbogen erscheint am Himmel, wenn die Sonne tiefer als 42 Grad am Himmel steht und sich hinter dem Beobachter befindet. Der Regenbogen ist außen rot und innen violett und weist alle Spektralfarben auf. Durch die Streuung des Lichts (Lichtbrechung) wirkt der Himmel innerhalb des Regenbogens leicht heller als außerhalb.

Der Regenbogen besitzt einen Radius von 42 Grad. Bisweilen sehen wir einen zweiten Regenbogen, dessen Radius 51 Grad beträgt. In ihm ist die Abfolge der Farben umgekehrt, d.h. außen erscheint er violett, innen rot.

REGENBOGENFARBE

ist im Grunde oft nur ein anderer Ausdruck für »bunte Farbe« (im Gegensatz zu unbunten Farben, wobei die bunten Grautöne wie Braun und Olive nicht zu den Regenbogenfarben gehören). Im engeren Sinne bezeichnet man als Regenbogenfarben alle Farben, die zwischen Rot (der Anfang des Spektrums am Übergang zum Infrarot) und Blauviolett (das Ende des sichtbaren Spektrums am Übergang zu Utraviolett) liegen. Grün markiert dabei die Mitte des sichtbaren Spektrums.

Dass die Anzahl der Farben des Regenbogens häufig mit sieben angegeben wird, beruht auf subjektiven Vorstellungen zur Zahl Sieben. Sie gibt keine Ordnung der Farben wieder, da diese ein Kontinuum von Rot zu Blauviolett bilden.

In der mittelalterlichen Kunst waren zweifarbige und höchst selten vierfarbige Regenbogen beliebt. Die römischen Dichter Ovid (Publius Ovidius Naso, 43 v. Chr.–18 n. Chr.) und Vergil (Publius Vergilius Maro, 70–19 v. Chr.) sprechen dagegen von tausend und unzähligen Regenbogenfarben. Wie viele Farben man im Spektrum sah, war subjektiv. Es gab beispielsweise Diskussionen darüber, ob es indigofarbenes Licht gibt oder man nur blaues Licht im Spektrum sieht. Einige Farbheiler differenzieren das violette Farblicht in das eigentliche Violett und in Magenta, wobei Violett bei etwa 410 bis 450 nm angenommen wird und Magenta bei 390 nm. Damit kommen sie zu einer Theorie von acht Spektralfarben im Gegensatz zur klassischen Theorie von sieben Farben.

RGB-FARBSYSTEM

Im Gegensatz zum ➤ CMYK-Farbsystem wird beim RGB-Farbsystem von ➤ Lichtfarben ausgegangen. Mit R, G, B sind die drei Grundfarben der Lichtfarben Rot, Grün und Blau gemeint. Diese werden bei diesem Farbsystem ➤ additiv gemischt.

Für den Druck kann ein RGB-Bild ins CMYK-System übertragen werden (die gängigen Computerprogramme und Grafikkarten können das). Zwischen einzelnen Rechnern können die Farbtöne erheblich abweichen. Um eine Vereinheitlichung zu erreichen, gibt es Verfahren zur Kalibrierung des Farbbildschirms (zum Beispiel Microsoft und Hewlett-Packard bieten das ➤ sRGB-System an, bei dem der RGB-Farbraum genau definiert ist und somit der Bildschirm auf diese Norm eingestellt werden kann).

RHODOPSIN

auch Sehpurpur genannt, da im Dunkeln dieser hoch lichtempfindliche Farbstoff purpur aussieht.

In den Stäbchen und ➤ Zäpfchen der Netzhaut befindet sich das lichtempfindliche Rhodopsin, das bei Helligkeit stark zersetzt wird (in Retinal und ➤ Opsin) und sich bei Dunkelheit wieder aufbaut. Diese chemische Werte werden an das Sehzentrum im Gehirn weitergeleitet, dort verarbeitet und als heller oder dunkler Eindruck vom Beobachter wahrgenommen. Das Rhodopsin ist ein Riesenmolekül, das aus Retinal (ein Kohlenwasserstoff) und Opsin (ein Protein) besteht. Das Sehen von Farben wird durch verschiedene Opsine möglich. Stäbchen und Zäpfchen weisen ebenfalls unterschiedliche Opsine auf, deren Photorezeptoren einen elektrischen Impuls bewirken, der ans Sehzentrum im Gehirn weitergeleitet wird. Die für die Farbwahrnehmung zuständigen Zäpfchen besitzen drei Opsine, die auf Blau, Grün und Rot reagieren.

ROSENBLÜT

➤ **Hautfarbe**

ROT-GRÜN-BLINDHEIT

➤ **Farbenblindheit**

➤ **Auge**

Diese Art der ➤ Farbenblindheit wird durch das Fehlen einer ➤ Molekülgruppe (➤ Opsin) in den Stäbchen der Netzhaut verursacht und kommt bei Männern weitaus häufiger als bei Frauen vor. Etwa fünf Prozent der mitteleuropäischen Männer sind Rot-Grün-blind, aber nicht ganz 2,5 Promille der Frauen. Dieser genetisch zu erklärende Defekt mag auch daran liegen, dass Farbe im Leben von Frauen wichtiger ist als in dem von Männern, weswegen Frauen im Gegensatz zu Männer zeitlebens eher auf Farben als auf Formen reagieren. Etwa ab dem vierten Lebensjahr wird für männliche Kinder die Formwahrnehmung zunehmend auf Kosten der Farbwahrnehmung wichtiger.

Die Schwierigkeit, bestimmte Rottöne von Grüntönen zu unterscheiden, muss nicht unbedingt eine Farbblindheit sein. Sie ist in den meisten Fällen eine harmlose Sehschwäche. Für die Rot-Grün-Blindheit gibt es Testtafeln. Sie können das aber auch selbst feststellen. Betrachten Sie eine fünf Centmünze (Euro) und eine zwanzig Centmünze (Euro), die Sie mit der Länderseite nach oben nebeneinander legen. Bei einer Rot-Grün-Blindheit gelingt es Ihnen nicht, die ähnlichen Farbtöne beider Münzen zu unterscheiden. Diese Sehschwäche wird Ihnen im Alltagsleben keine Probleme schaffen. Sie wird sich mit dem Alter vermindern.

Es ist Ihnen allerdings verboten, Polizist, Pilot oder LKW-Fahrer zu werden.

RÖTEL

Rötel wird weitgehend als Stift benutzt, dessen Mine aus Kaolin und Eisenoxid besteht. Sie zeichnet bräunlich, oft samtartig braunrot. Man benötigt jedoch für den Abrieb ein weiches Papier. Wie Kohle- und ➤ Pastellbilder müssen auch Rötelbilder fixiert werden.

Wegen seiner Farbe wurde Rötel in der Portraitzeichnung beliebt und zum Vorzeichnen von Ölbildern. Die erste Rötelzeichnung taucht um das Jahr 1500 in Italien auf.

RUSSET

➤ **Grau/Grautöne**

unbunter Grauton, von dem Maler Adolf Hölzel so benannt.

S

SÄTTIGUNG

Die Sättigung gibt an, wie stark der Farbton (Rot, Blau, Gelb) ausgeprägt ist. Je stärker oder kräftiger der Farbton wirkt, desto gesättigter ist er. Lasierende Farben sind wenig gesättigt, deckende Farben sind stark gesättigt.

SAFRAN

Er ist das teuerste aller Gewürze und ein begehrter Farbstoff. Safran war derart wertvoll, dass man in deutschen Landen für den Handel mit falschem Safran mit dem Scheiterhaufen bestraft wurde.

Die englische Tudor-Zeit (16. Jahrhundert) machte mit Safran gefärbte Speisen in ganz Europa populär, wobei neben dem ästhetischen Farbgenuss auch immer die Heilwirkung von Safran als Verkaufsargument angebracht wurde. Der berühmte Tudorkönig Heinrich VIII. liebte Safran über alles und förderte den Safranhandel, der ihn reich machte. Außerdem färbten sich die Frauen an den europäischen Höfen die Haare mit Safran. Wolle und Leinen wurden ebenfalls mit ihm gefärbt wie auch Teppiche. Safran wird heute in den heißen östlichen Hochflächen Spaniens professionell angebaut.

SCHEELE-GRÜN

➤ **Arsen-Grün**

SCHWARZ

➤ **CMYK-System**

➤ **unbunte Farben**

➤ **Weiß**

Der schwarze Farbeindruck entsteht dadurch, dass die schwarze Oberfläche alle bunten Farblichter absorbiert. Die

Reflexion beim idealen Schwarz beträgt null Prozent, die Absorption hundert Prozent.

Schwarz gilt als eine der ältesten Malfarben, die bereits in China vor 5500 Jahren aus Lampenruß hergestellt wurde (mehr oder weniger reiner Kohlenstoff).

Die Impressionisten mit ihrem Interesse am Licht lehnten schwarze Pigmente ab und mischten sich eine »schwarze« Farbe aus roten, blauen und gelben Pigmenten. In Claude Monets Gemälde »Gare Saint-Lazare« wurde zum Beispiel der schwarze Farbeindruck der Lokomotive mit der Mischung von Rot (Vermillionrot), Blau (französisches ➢ Ultramarin) und Grün (Emerald) erzeugt.

Den unbunten Farben ➢ Schwarz, ➢ Weiß und ➢ Grau ist etwas Abstraktes zu eignen. Sie sprechen nicht unsere Gefühle an wie die sechs bunten Farben des Regenbogens. Schwarz hat in der Malerei und im Druck häufig die Funktion, Konturen genauer hervorzuheben, weswegen es auch K von »key colour« genannt wird.

SCHWINGUNGSRESONANZ

➢ **Interferenz**

Die Schwingungsresonanz beruht auf Interferenzerscheinungen meist zweier (oder mehrerer) Lichtwellen. Nach der Hypothese der ➢ Biolumineszenz strahlen zum Beispiel Zellen Licht bestimmter ➢ Wellenlängen aus (das allerdings nur durch hochleistungsfähige Restlichtverstärker nachweisbar ist). Dieses Licht wird beeinflusst durch ein von außen auftreffendes Farblicht. Durch die Schwingungsresonanz entsteht durch die gegenseitige Beeinflussung der beiden Lichter ein neues Licht nach dem Gesetz der Interferenz.

SEHEN

➢ **Auge**

Das Sehen und speziell das Farbensehen ist weitgehend vom Feld der Wahrnehmung abhängig. Es verändert sich die gleiche Farbe bei unterschiedlicher Beleuchtung, bei Veränderungen des Raums zwischen der Farbe und ihrem Betrachter und in Abhängigkeit von den Nachbarfarben (wir sehen stets eine Verbindung von farbigen Objekten, nie ein isoliertes Objekt). Das Sehen ist jedoch aus Gründen des Überlebens auf eine relative Farb- und Wahrnehmungskonstanz angewiesen. Mit konstanten Farben für bestimmte Gegenstände kann sich der Mensch leichter orientieren. Also hält das Auge zum Beispiel die ➢ Farbkonstanz aufrecht, auch wenn die Farbe stark angestrahlt oder eher im Dunkel liegt. Das Auge gleicht beständig den Farbeindruck aktiv aus, wodurch auch Phänomene wie ➢ Nachbild und ➢ Simultankontrast zu erklären sind.

Besonders die Maler der ➢ Op-Art *(Optical Art)* und vor ihnen Robert Delaunay (1885–1941) und Josef Albers (1888–1976) haben die aktive Funktion des Auges beim Farbensehen in ihren Kompositionen bewusst herausgefordert.

Jede wahrgenommene Farbe repräsentiert sowohl die eigentliche Farbe eines Objekts als auch die Sichtweise ihres Rezipienten.

Auch Tiere können Farben sehen. Dieser Nachweis gelang zuerst bei Bienen (später bei Fischen und Vögeln).

SEHPURPUR

➢ **Rhodopsin**

SEKUNDÄRFARBEN

Farben, die durch einmaliges Mischen zweier ➢ Primärfarben entstehen. Es ergeben sich die drei Sekundärfarben Orange, Grün und Violett, die sich wiederum ➢ komplementär zu den Primärfarben verhalten.

Orange	Blau
Grün	Rot
Violett	Gelb

SEPIA

Sepia ist ein Braunton, der dem ➢ Umbra gleicht. Mit dieser Farbe gestalteten Künstler wie Caspar David Friedrich Bilder, die an der Grenze zwischen Malerei und Zeichnung liegen (die sogenannte Sepiamalerei).

Der im Mittelmeer und Ostatlantik beheimatete Tintenfisch stößt aus seiner Enddarmdrüse bei Gefahr ein Sekret aus, um das Wasser zu trüben. Dieses Sekret bildet den Sepiafarbstoff der Kunstmaler. Diese alte Malfarbe wird heute chemisch hergestellt, ist günstig zu bekommen und lässt sich gut mischen.

SIMULTANKONTRAST

➢ **Auge**
➢ **Nachbild**
➢ **Sukzessivkontrast**

Der Simultankontrast bezeichnet das Phänomen, dass an Farbrändern die ➢ Komplementärfarbe (als Schatten) gesehen wird.

Der Simultankontrast kommt dadurch zustande, dass das menschliche ➢ Auge bei der Farbwahrnehmung stets einen Ausgleich herstellen möchte. Auf einen Farbimpuls reagiert das Auge mit der Produktion der ➢ Komplementärfarbe an den Rändern der Farbe.

Die Impressionisten und der französische Maler Robert Delaunay haben sich mit dem Simultankontrast auseinandergesetzt und versucht, ihn in ihren Bilder zu nutzen.

Von Paul Cézanne (1839–1906) wird behauptet, dass er vom Simultankontrast einer leuchtend gelben Postkutsche fasziniert war, die scheinbar violette Schatten warf. Zum ersten Mal erkannte der französische Chemiker Michele Eugène Chevreul 1837 den Simultankontrast und veröffentlichte 1839 sein einflussreiches Werk »De la loi du contraste simultané des coleurs«. Den Impressionisten galt Chevreuls Werk als »Farbenbibel« und der spätimpressionistische Pointillismus – speziell Georges Seurat – hat sich eingehend mit dem Simultankontrast beschäftigt, um eine reine Farbenwirkung zu erzeugen.

Die farbigen Schatten des Simultankontrastes können nicht nur gesehen, sondern auch fotografiert werden.

Sprache und Farbe

Farben sind nur ungenau sprachlich ausdrückbar. So versteht zum Beispiel unter Himbeerrot fast jeder einen anderen Rotton, wie Untersuchungen ergaben. Selbst einfache Begriffe wie Rot erfassen keine klar definierte Farbe und viele Laien würden ➤ Magenta eher als »Violett« bezeichnen. Einen Ausweg aus dieser Ungenauigkeit von Farbbezeichnungen, die um so größer wird, um so mehr die zu bezeichnende Farbe von den Primärfarben abweicht, fand Harald Küppers. Er geht von den Mischverhältnissen der Farben ➤ CMYK aus, wodurch er zu exakten Farbangaben gelangt. Der Nachteil dieses genauen Systems liegt allerdings darin, dass es sich für die umgangssprachliche Kommunikation wenig eignet. Für Gelb C00 M00 Y99 K00 (Y99 und nicht Y100, da nach Küppers keine Farbe hundert Prozent rein ist.) zu sagen, ist freilich umständlich. Vor der griechischen Klassik und in der Frühklassik war der Mensch mehr an den Beleuchtungsverhältnissen interessiert. Hell und dunkel waren in einem dualistischen Weltbild wesentlicher als der genaue Farbton. Homer zum Beispiel kannte kein Wort für Blau, das entweder dem Dunkel oder als Himmelblau dem Hellen zugeordnet wurde. Seit der Hochklassik waren dann Vierersysteme beliebt. Als Grundfarben wurden Rot, Gelb, Blau und Grün angenommen. Mit Erstarken des Christentums setzten sich Dreiersysteme durch. Rot, Gelb und Blau wurden nun als Grundfarben betrachtet. Heute können wir tausende Farbtöne unterscheiden, wobei die meisten Farbbezeichnungen sich nicht in der Umgangssprache verankern.

Spritzpistole (Airbrush)

Spritzpistolen werden in den Bereichen von Grafik, Design und Illustration verwendet. Speziell die amerikanische Kunstrichtung des Fotorealismus benutzte diese Technik. Grundsätzlich können alle vermalbaren Farben gespritzt werden. Wasserfarben und Tuschen sind jedoch einfacher als andere Farben zu spritzen, wegen der leichten Reinigung der Gerätedüsen. Es gibt auch Spezialfarben, die für die Airbrush-Technik hergestellt werden.

sRGB-System

> ➤ **RGB-System**

Kalibrierungssystem für die genormte Farbdarstellung von Bildschirmen.

Stäbchen

> ➤ **Auge**
> ➤ **Zäpfchen/Zapfen**

Organ der Helligkeitswahrnehmung im Auge.

Sie arbeiten erst bei eingeschränkten Lichtverhältnissen und relativer Dunkelheit. Die Stäbchen reagieren auf den Grün-Blau-Bereich am empfindlichsten. Sie geben keinen Farbeindruck wieder, weswegen wir nachts fast ➤ farbenblind sind.

Sukzessivkontrast

> ➤ **Simultankontrast**

Ähnlich wie beim Simultankontrast handelt es sich beim Sukzessivkontrast um ein Nachbild, das entsteht, wenn das Auge einseitig durch einen Farbeindruck über längere Zeit stimuliert wird. Im Gegensatz zum Simultankontrast entsteht das Nachbild in der ➤ Komplementärfarbe jedoch erst, wenn der Blick abgewandt wird, also nach der einseitigen Stimulation.

Subtraktive Mischung

> ➤ **Farbmischung**
> ➤ **Oberflächenfarbe**

Oberflächenfarben mischen sich subtraktiv, ➤ Lichtfarben mischen sich ➤ additiv. Additiv beziehungsweise subtraktiv wird auf den Lichtanteil der Farben bezogen. Wenn sich Licht mit Licht mischt, ergibt sich mehr Licht und letztendlich mündet das Mischergebnis in ➤ Weiß. Wenn wir jedoch Oberflächenfarben mischen, wird Licht absorbiert. Mit jedem Mischvorgang wird die Farbe dunkler und so münden alle subtraktiven Mischvorgänge der Oberflächenfarben in ➤ Schwarz. Da jedoch die Pigmente meist nicht ausgewogen sind, ergibt sich real ein dunkles Braun als letzte Station aller Mischvorgänge (wie man am Malwasser sehen kann).

Die subtraktive Farbmischung beruht auf dem physikalischen Prinzip, dass aus Licht bestimmte Anteile durch die ➤ Pigmente herausgefiltert werden (auch deswegen subtraktiv). Bei einer grünen Oberfläche wird zum Beispiel aus dem (weißen) Licht, das auf sie fällt, alle andere Farben herausgefiltert bis auf Grün, das reflektiert wird.

Die Grundfarben der subtraktiven Mischung mischen sich so:

Yellow + Magenta = Rot
Magenta + Cyan = Blauviolett
Yellow + Cyan   = Grün

Tageslicht

Der ➤ Farbeindruck ist abhängig vom Licht, das eine Farbe beleuchtet. Meistens erleben wir Farben unter Tageslichtbeleuchtung. Dieses Licht ist allerdings von vielen Faktoren wie Jahreszeit, Wetter und geografischer Breite abhängig. Aus diesen Gründen wurde das Tageslicht als Normlicht D65 mit einer ⊁ Farbtemperatur 6500 Grad Kelvin genormt. Das entspricht dem Licht bei durchschnittlichen Wetterverhältnissen in Mitteleuropa.

TEMPERAFARBEN

(von lat. temperare – mischen)

sind wasserfeste Farben aus anorganischen ⊁ Pigmenten, die ähnlich wie ⊁ Ölfarben lasierend oder häufiger deckend aufgetragen werden können. Sie sind im Gegensatz zu ⊁ Aquarell- und ⊁ Guaschfarben wasserfest (allerdings nicht so wasserbeständig wie ⊁ Kaseinfarben). Temperafarben werden meist mit Leinöl oder Terpentin vermalt.

TERTIÄRFARBEN

Farben, die aus einer ⊁ Primärfarbe und ihrer ⊁ Komplementärfarbe gemischt werden. Goethe nannte sie ⊁ Missfarben.

TINTE

Tinte wird bereits seit der Antike benutzt. Ursprünglich war Tinte gefärbtes Wasser, worauf das Wort »Tinte« verweist, das sich vom Lateinischen »tincta aqua« herleitet. Die klassische Tinte, die aus dem vergorenen Saft von Galläpfeln und Gummi arabicum stammt, überdauerte Jahrhunderte und galt als Symbol der Beständigkeit und der Sicherheit, da diese Tinte dokumentenecht ist. Schon die alten Ägypter benutzten Tinte, um auf Papyrus zu schreiben. Sie färbten ihre Tinten meistens mit Ruß ein. Moderne Tinten, die zum Beispiel in Kugelschreiberminen benutzt werden, sind allerdings wenig lichtbeständig, das heißt sie bleichen schnell unter Lichteinfluss – auch hinter Glas – aus. Dokumentenechte Tinten bleichen ebenfalls aus, bleiben jedoch lesbar.

TÜRKIS

nach dem Edelstein benannte kalte Mischfarbe genau zwischen Grün und Blau auf dem Farbenkreis. Diese Farbe wurde erst in der Neuzeit beliebt.

ULTRAMARIN

war das meistgebrauchte Malpigment für Blau wegen seiner hervorragenden maltechnischen Eigenschaften. Durch seinen leichten Violettstich zeigt dieses Blau eine große Tiefe und war die Farbe der Wahl bei der Gestaltung des Himmels. Lapislazuli ist der Grundstoff bei der Ultramarinherstellung.

Gebunden wird er mit Eiweiß. Die ägyptischen Alchemisten waren angeblich die Ersten, die aus Lapislazuli ein leuchtend blaues Pigment herstellten.

Ultramarinpigmente werden aus dem Mineral Lazurit (Lapislazuli) oder künstlichem Ultramarin hergestellt. Lapislazuli wird zerkleinert, geschlämmt und zu Pigment zermahlen. Da das arbeitsaufwändig ist, war das Pigment teuer. Künstliches Ultramarinpigment wird aus Kaolin, Quarz, Soda, Glaubersalz, Schwefel und Pech oder Kohle in Schamottetiegeln gebrannt. 1828 veröffentlichten die drei Chemiker Gmelin, Guimet und Köttig unabhängig voneinander Verfahren zur künstlichen Herstellung von Ultramarinpigmenten. Damit war es möglich, ein preisgünstiges, lichtechtes Blaupigment herzustellen. Der Nachteil ist dessen hohe Wasserempfindlichkeit. Bei Luft- und Wandfeuchtigkeit blüht es leicht aus oder es kommt zu Quellung des Pigments und zur Entfärbung.

Raffaels Madonna wurde mit Lapislazuli-Pigment gemalt. Fra Angelico, Tizian, Boticelli, Piero della Francesca und Giovanni Bellini gebrauchten es. Da es das teuerste Pigment war, wurde es wie Purpur einzig zum Ausdruck übernatürlicher Schönheit benutzt. Nur die berühmtesten Maler konnten einen Auftraggeber finden, der es ihnen ermöglichte, dieses Pigment zu kaufen. Ein Kilogramm Ultramarin kostet zur Zeit auf dem Weltmarkt etwas mehr als siebentausend Euro.

UMBRA

Braunes Erdpigment, das zum Durchwachsen neigt, das heißt die Farbe breitet sich leicht beim Abtrocknen im Bild aus. Ansonsten ist dieses Pigment lichtecht und preisgünstig.

UNBUNTE FARBEN

Farben, die aus der ⊁ subtraktiven Mischung von rein Schwarz und rein Weiß entstehen. Das sind die Grautöne. Im Druck: **S** 99–01 und stets **C** 00 **M** 00 **Y** 00 (keine bunten Anteile)

URFARBEN

sind die ⊁ Primärfarben des Lichts. Sie sind nicht zu mischen und aus ihnen setzt das Auge die Farben zusammen. Aus **R** Rotorange, **G** Grün, **B** Blauviolett erzeugt das Auge nach den Gesetzen der ⊁ additiven Farbmischung alle anderen Farben.

Der Begriff Urfarben wird allerdings auch für jene Farben gebraucht, die in unserer Kultur als Primärfarben wahrgenommen werden, aber nicht unbedingt welche sind. In unserer Kultur werden landläufig die Farben Rot, Gelb, Grün und Blau als Urfarben wahrgenommen.

V

VAN-EYCK-GRÜN

auch »verdigris« genannt.

Es ist ein Grün, das die Kunstmaler des 18. und 19. Jahrhundert begeisterte. Wenn auch Leonardo da Vinci vor dem Einsatz dieses Pigments warnte, da es bereits beim Auftragen ausbleicht und später unschöne Schwarzverfärbungen aufweist, benutzten es die Brüder van Eyck in einer Weise, dass es Jahrhunderte farbecht blieb. Dies kann man an dem rätselhaften Bild »Die Arnolfini Heirat« deutlich sehen. In diesem 1434 gemalten Bild strahlt das Kleid der weiblichen Figur noch heute in einem leuchtenden Grün. Gegen Ende des 19. Jahrhunderts wurde diese Farbe außer in Persien nicht mehr benutzt, da es billigere chemische Farben besserer Qualität gab.

VIBRATIONSEFFEKT

➢ **Flimmereffekt**

W

WACHSFARBEN

Wachsmalerei war bereits in der Antike beliebt und wurde im Mittelalter gern verwandt, da man mit damaligen Wachsfarben klarere Mischungen erzeugen konnte als mit anderen Farben. Farben auf Wachsbasis werden noch heute besonders von Kindern, Laien und beim therapeutischen Malen häufig verwandt.

WAID

auch »Färberwaid« genannt.

»Waid« bezeichnet sowohl den Farbstoff als auch die Pflanze. Er war historisch der Konkurrent zu ➢ Indigo. Dieses pflanzliche Färbemittel erzeugt ein leuchtendes Blau, das nicht ganz so tief ist wie jenes aus Indigo. Waid färbt vom Zartblau (allazzatti fermi) bis zum Höllenblau (dunkles, kräftiges Blau) alle Blautöne.

Als die Kelten in England auf die Römer stießen, malten sie sich mit Waid blau an. Caesar war erschrocken über diese blaue Kriegsbemalung. Tacitus beschreibt die blaue Kriegsbemalung der englischen Kelten als höchst furcherregend.

Die im irischen Book of Kells leuchtenden Blautöne der ➢ Buchmalerei stammen aus Färberwaid. Besonders im Mittelalter war Waid beliebt. In Deutschland war die Meinung gegen Indigo eingestellt, da er den Bauern das Geschäft mit dem heimischen Waid verdarb. Für Sachsen wurde 1650 in Dresden ein Gesetz erlassen, das festlegte, dass »alles Blaue«

mit Waid statt mit Indigo gefärbt werden müsse.[16] Dem Indigo wurden »schädliche und durchfressende« Eigenschaften zugesprochen. 1654 erklärte gar der deutsche Kaiser Indigo zur Teufelsfarbe und lobte den Waid. Da Indigo jedoch besser färbte, setzte er sich im 17. Jahrhundert gegenüber dem Waid durch. Nach der Legalisierung der Indigofärberei im 18. Jahrhundert brach der Waidanbau zusammen.

In der Textilbranche war das englische Coventryblau berühmt. Blaue Garne und blaue Stoffe bester Qualität kamen aus Coventry, der englischen Stadt, die im Ruf stand, die haltbarsten Farben herzustellen. Im Orient nannte man das mit Waid gefärbte Blau »Persischblau«.[17]

WAPPENFARBEN

Die Wappenfarben regelt die Heraldik. Sie legte fest, welche Farben an den Schilden und in den Wappen der Ritter beziehungsweise Adeligen zulässig waren. Hierfür kamen nur eine begrenzte Anzahl von Farben in Betracht: am wichtigsten waren die ➢ Metallfarben Gold und Silber (häufig gelb und weiß dargestellt), die auf fast keinem Schild oder Wappen fehlten, und dazu kamen die fünf eigentlichen Farben Rot, Blau, Schwarz, Grün und ➢ Purpur. Wobei sich allerdings im Mittelalter die einzelnen Autoren stritten, um welche Farbe es sich beim Purpur handele. Für die Farbzusammenstellung oder ➢ Farbharmonien gab es feste Gesetze. Es durfte keine Metallfarbe auf Metallfarbe gelegt werden und auch keine eigentliche Farbe auf eine andere. Allerdings gab es so genannte Rätselwappen, die von diesem Gesetz abwichen. Farben wurden hauptsächlich im späteren Mittelalter auch nicht farbig, sondern durch Schraffuren oder Abkürzungen der Farbnamen dargestellt. Eine Besonderheit der Heraldig ist eine spezielle Bezeichnung der Farben.

Rot – gueules
Blau – azur
Schwarz – sable
Grün – sinople
Purpur – pourpre

Dabei sind einige Bezeichnungen in ihrer Herkunft noch nicht geklärt.

WARME FARBEN

befinden sich auf der linken Seite des Farbenkreises. Sie erzeugen im Gegensatz zu den ➢ kalten Farben ein Wärmeempfinden und schaffen »Gemütlichkeit«. Warme Farben lassen Räume enger wirken und reflektieren mehr Licht als kalte.

---

16 Die Erlöse aus dem Färberwaid finanzierten zum Beispiel fast vollständig die Universitätsstadt Erfurt, auch Toulouse und Amiens waren vom Waidhandel völlig abhängig.

17 In dem Roman von Bleys, Olivier: Die Blaufärber. München 2003 wird auf S. 75ff die handwerkliche Seite der Waidfärberei genau beschrieben.

WASSERFARBEN

- ➤ **Aquarellfarben**
- ➤ **Guaschfarben**

Alle leicht wasserlöslichen Farben werden Wasserfarben genannt. Dazu gehören die Aquarellfarben und Guaschefarben (Gouache). Es sind die Farben, die nur mit Wasser vermalt werden und die durch ein leimartiges Bindemittel am Malgrund haften.

WELLENLÄNGE DER FARBEN

Die drei ➤ Primärfarben / ➤ Urfarben des Lichts – Blau, Grün und Rot – sind nach DIN 5033 (Deutsche Industrienorm) mit folgenden Wellenlängen festgelegt (Werte in nm – Nanometer):

- ■ Blau 445　　■ Grün 555　　■ Rot 600

Der Farbbildschirm verwendet jedoch andere Werte

- ■ Blau 438　　■ Grün 543　　■ Rot 700

Unserer Wahrnehmung entsprechend nehmen wir etwa bei folgenden Werten der prismatischen Farben ein charakteristisches Blau, Grün und Rot wahr:

- ■ Blau 445　　■ Grün 520　　■ Rot 620

Bei Oberflächenfarben ergibt sich der typische Farbeindruck bei folgenden Werten:

- ➤ Blau　500–450
- ➤ Grün　550–500
- ➤ Gelb　600–550
- ➤ Rot　　700–650

WEISS

- ➤ **Schwarz**
- ➤ **unbunte Farben**

Der weiße Farbeindruck entsteht im Gegensatz zu Schwarz dadurch, dass das Licht aller Farben reflektiert wird. Die Reflexion beträgt einhundert Prozent, die Absorption beträgt null Prozent. Reines Weiß wie reines Schwarz sind Ideale, die bei realen Farben nur annährungsweise erreicht werden. Weiß ist aber nicht nur die Farbe des Lichts, sondern Weiß strahlt auch Aggressivität aus. Es ist ein Symbol für die Grausamkeit der Natur: die tote Schneelandschaft, der weiße Hai und Moby Dick. Diese symbolische Bedeutung von Weiß ist physiologisch bedingt, da Weiß blendet oder wie der Volksmund sagt »in die Augen sticht«. Das kommt dadurch zustande, dass im ➤ Auge bei diesem großen Lichteinfall starke physiologische Reaktionen ausgelöst werden, die im Gehirn als Farbe Weiß gedeutet werden.

WEISSABGLEICH

Das Abstimmen der Werte von Rot, Grün und Blau (im ➤ RGB-System) bei einer Lichtquelle.
Bei der Fotografie spielt der Weißabgleich eine Rolle, da elektronische Kameras Lichteinflüsse kompensieren können, die von den normalen RGB-Werten des Tageslichts abweichen. Nur so ist es möglich, dass ein reines Weiß auch auf dem Foto als reines Weiß abgebildet wird (von daher der Name).

Y / YELLOW

Im Druck Grundfarbe Gelb **Y**99 **M**00 **C**00, ein reines Gelb, das weder Rot- noch Blauanteile aufweist. Der Bauhauslehrer J. Itten sagte, dass einzig dieses reine Gelb gelb ist. Yellow entsteht im Auge durch Mischung von rotem und grünem Licht.

YOUNG-HELMHOLTZ-THEORIE (DES FARBIGEN SEHENS)

- ➤ **Auge**

Sie wird auch »Drei-Rezeptoren-Theorie« genannt, da unser Auge drei Rezeptoren (➤ Zäpfchen) für grünes, blauviolettes und rotoranges Licht besitzt. Diese Rezeptoren geben ihre Impulse an das Gehirn weiter und erzeugen so die Eindrücke der unterschiedlichen Farben.

ZÄPFCHEN / ZAPFEN

- ➤ **Auge**　　　➤ **Stäbchen**
- ➤ **Rhodopsin**　➤ **Opsin**

Organ der Farbwahrnehmung in der Netzhaut des Auges. Bei Licht sehen wir mit dem Zäpfchen, in der Dunkelheit mit den Stäbchen. Die Zäpfchen reagieren am empfindlichsten auf die Farbe Gelb. In Heinrichs Bölls »Gruppenbild mit Dame« versucht Leni Pfeiffer einer dunklen Stimmung zu entkommen, indem sie die Zäpfchen und Stäbchen im linken Auge der Jungfrau Maria zu zählen versucht. Es gibt etwas über 120 Millionen dieser Zellen im Auge.

ZINNOBER

Ein klares Rot, giftiges Pigment.
Zinnober ist ein verbreitetes Quecksilbersulfid im Schiefer. Es wurde schon von den alten Ägyptern und Chinesen als Pigment benutzt. Plinius und Vitruv erwähnen Zinnoberrot. Der arabische Alchemist Geber stellte wohl als Erster Zinnober im 9. Jahrhundert künstlich her, was Albertus Magnus als einem der ersten Europäer im 13. Jahrhundert gelang. Im Mittelalter war die Herstellung von Zinnober aus Quecksilber und Schwefel äußerst schwierig und galt als eine wichtige Vorstufe für die Gewinnung des Steins der Weisen. Seit 1785 wird die Zinnoberherstellung großindustriell betrieben. Bis zur Einführung des Kadmiumrots war Zinnober nicht ersetzbar. Heute wird es nur noch in geringen Mengen hergestellt. Der englische Maler William Turner (1775–1851) benutzte als einer der ersten Maler das unter dem Namen »Vermillon« produzierte Zinnober. Dennoch setzte sich diese Farbe nicht durch, da sie zu teuer war.

Produktbeschreibungen

FARBSTIFTE

Ich empfehle Aquarellstifte zum Ausmalen, da sich mit ihnen die Farben am besten mischen lassen, besonders wenn man nach dem Malen mit einem leicht feuchten Pinsel über sie streicht. Von Billigprodukten rate ich Ihnen ab, da sie oft einen schlechten Farbabstrich aufweisen und beim Herunterfallen die Minen leicht brechen.

Folgende Künstlerfarbstifte sind zu empfehlen:
- **Supracolor von Caran d'Ache**
  weiche, wasservermalbare Farbstifte von hoher Leuchtkraft bei gutem Deckungsvermögen, 120 Farbtöne. Mit diesen Stiften lassen sich alle Übungen dieses Buchs problemlos durchführen, da die Supracolorfarben sich leicht mischen lassen. Die Farben beruhen auf dem Farbenkreis Wilhelm Oswalds.
- **Luminance 6901 von Caran d'Ache**
  weiche, wasserfeste Farbstifte mit hoher Pigmentkonzentration, sehr lichtbeständige Farben in 76 Farbtönen. Mit diesen Stiften sind die Übungen des Buchs ebenfalls gut durchzuführen, wenn man durch übereinanderliegende Farbschichten mischt.

Die Farbstifte von Caran d'Ache sind auch einzeln erhältlich. Ich verwendete folgende Stifte:
  Rot 070   Blau 141   Gelb 500
- **karat aquarell von Staedtler**
  weiche Farbstifte, deren Farben sich sehr leicht sowohl feucht als auch trocken mischen lassen (farbintensiver Abstrich, 60 Farbtöne, die auch einzeln erhältlich sind)
  Rot 2   Blau 33   Gelb 1

Brauchbar sind noch folgende Stifte:
- **Polycolor Künstlerfarbstifte von Koh-I-Noor**
  eignen sich für das Malen in übereinander liegenden Schichten (wischfest, farbsatter Abstrich in 36 Tönen)
- **Stabilo Original von Schwan-Stabilo**
  teilvermalbare Farbstifte, mit denen sich die Übungen dieses Buchs problemlos durchführen lassen (besonders dünne, bruchsichere Minen der Farbstifte, 39 Farbtöne)
- **Polychromos von Faber-Castell**
  eignen sich gut für das Malen in übereinander liegenden Schichten (farbsatter Abstrich, wasser- und wischfest, lichtbeständig und farbbrillant, 120 Farbtöne)
- **Albrecht Dürer Künstleraquarellstifte von Faber-Castell**
  wasservermalbare Aquarellfarbstifte
  (weicher, farbsatter Abstrich, bruchgeschützt, lichtbeständige, kräftige Farben, 120 Farbtöne)

ANSPITZER

Ich ziehe Metall-Bleistiftspitzer den billigeren Plastikspitzern vor. Ideal sind Spitzmaschinen, deren Anschaffung sich jedoch nur lohnt, wenn Sie häufig mit Farbstiften arbeiten.

RADIERGUMMI

Bei den Radiergummis sind nur zwei zu empfehlen:
- **Mars Plastic Radierer von Staedtler**
  (fast rückstandfreies Radiergummi)
- **Kunststoff-Radierer von Faber-Castell**
  (radiert schmierfrei)

Alle anderen mir bekannten Radiergummis verschmieren mehr, als dass sie die Farbe vom Papier entfernen.

PAPIERWISCHER

Papierwischer helfen Ihnen dabei, bei Farbstiftzeichnungen die Farbe sauber zu verwischen. Das hilft sowohl bei monochromen Flächen als auch beim Farbmischungen.
- **Estompen von der Firma Seng in verschiedenen Größen**

AQUARELLFARBEN

Ich benutzte beim Entwurf der Übungen Aquarellfarben der Firma Schmincke, deren Farbsystem meinem Farbgefühl am nächsten kommt.

TIPP:

Von den Farbstiftreihen brauchen Sie nur einen Farbstift für ein reines Rot, Blau und Gelb zu kaufen. Für die Übungen zu den Tertiärfarben benötigen Sie noch ein mittleres Grün, Violett und Orange. Dann noch Schwarz für kalte Farben und Weiß für Rosatöne. Das heißt, Sie benötigen nicht mehr als acht Farbstifte.

Wenn Sie bereits Farbstifte besitzen, hilft es im Grunde, auf einem separaten Stück Papier mit den verschiedenen Farben zu kritzeln, um herauszufinden, mit welchem Rot, Blau, Gelb, Grün, Orange und Violett Sie am besten malen und mischen können.

Anmerkungen

S. 7   1   Vollmar, Klausbernd: Das große Handbuch der Farben (Königsfurt Vlg., Krummwisch 2005) & Vollmar, Klausbernd: Das kleine Buch der Farben (Königsfurt-Urania Vlg., Krummwisch 2008)

S. 17   2   Albers, Josef: Interaction of Color, Köln 1970, S. 54.

S. 27   3   Buchheim, Lothar-Günther: Die Tropen von Feldafing, München 1988, S. 10f.

S. 56   4   Küppers, Harald: Farbenatlas. Köln 1981

S. 59   5   Dazu genauer Faber, Stefanie: Mein Farbenbuch, München 1987.

S. 68   6   Vgl. hierzu genauer: Steiner, R.: Das Wesen der Farbe, a.a.O., S.35-40.

S. 70   7   Goethe, J.W.v.: Farbenlehre Bd 1, §§ 670ff., S.877ff.

S. 71   8   Vgl. dazu genauer: Fletcher, Jenifer: Rubens, London 1974, S.19.

S. 77   9   Vgl. hierzu auch den Abschnitt »Wie Goethe Blau bzw. Violett erklärt« auf S. 38

S. 83   10   Der Vollständigkeit wegen sei angemerkt, dass Frans Gerritsen (Gerritsen, F.: Theory and Practice of Color, London 1975) einen Farbenkreis vorschlägt, der aus mischtechnischen Gründen zu zeigen scheint, dass die normalerweise als Grundfarben bezeichneten Farben keine sind.

S. 85   11   Hunt, R.: The Eigth Key to Colour, Romford 19784, S.83.

       12   Hunt, R.: The Seven Keys to Colour, a.a.O. S.92.

S. 90   13   Kandinsky, Wassily: Über das Geistige in der Kunst, München 1912. Wer Kandinskys Farbenlehre und seine Übungen zur Farbentheorie genauer studieren möchte, dem kann ich sehr folgendes, vom Text- und Bildmaterial hervorragendes, Buch von Powlig, Clark V.: Kandinsky - Unterricht am Bauhaus. Farbseminar und analytisches Zeichnen. Weingarten 1982, empfehlen.

Bildquellen

S. 8: **Caspar David Friedrich** *Frau am Fenster* (1822), Alte Nationalgalerie, Berlin – Wikipedia | S. 10: **August Macke** *Dame in grüner Jacke* (1913), Museum Ludwig, Sammlung Haubrich, Köln – Wikipedia | S. 12 f.: **John Ruskin** *Kapellbrücke in Luzern* (1857) – Wikipedia / **John Ruskin:** *Seascale* (1889) – Wikipedia / **John Ruskin** *Zippora* (1874 nach Botticelli) – Wikipedia | S. 14: **Moni Obser** *Querschnitt durch das Auge* | S.15: **Moni Obser** *Studie nach Piet Mondrian* | S. 16: **Vincent van Gogh** *12 Sonnenblumen in einer Vase* (1888), Neue Pinakothek, München – Wikipedia | S. 18: **Yves Klein** *Blaues Schwammrelief* (1958), Museum Ludwig, Köln – akg-images / Erich Lessing, © Yves Klein / VG Bild-Kunst | S. 5+19: **Eugène Delacroix** *Frauen von Algier im Gemach* (1834), Musée du Louvre, Paris – Wikipedia | S. 20: **Moni Obser** *Farbenkreis nach Newton* | S. 21: **Moni Obser** *Farbenkreis nach Goethe* | S. 23: **Philipp Otto Runge** *Die Farbenkugel* (1810) – Wikipedia | S. 24: **Moni Obser** *Farb-Sechseck nach Küppers* | S. 25: **Philipp Otto Runge** *Der Kleine Morgen* (1808), Kunsthalle, Hamburg – Wikipedia | S. 27: **Moni Obser** *Farbstifte* | S. 29: **Klausbernd Vollmar** *Farbenkreises* | S. 31: **Wassily Kandinsky** *Blauer Kreis* (1922), Solomon R. Guggenheim Museum, New York – akg-images, © Wassily Kandinsky / VG Bild-Kunst | S. 31: **Moni Obser** *Farben in geometrischer Form* | S. 34: **Klausbernd Vollmar** *Die linke Seite des Farbenkreises – von Gelb über Orange und Rot zu Schwarz* | S. 35: **Moni Obser** *Gelb und Rot in der Natur* | S. 36: **Klausbernd Vollmar** *Gelb und Rot in der Natur* | S. 37: **Klausbernd Vollmar** *Die rechte Seite des Farbenkreises – von Schwarz über Violett zu Blau nach Weiß* | S. 38: **Moni Obser** *Blau nach Goethe* | S. 39: **William Turner** *Die Schlacht von Trafalgar* (1805) – Wikipedia | S. 42: **Klausbernd Vollmar** *Der untere Abschnitt in Goethes Farbenkreis – Gelb und Blau fügen sich zu Grün zusammen* | S. 43: **Henri Rousseau** *Der Traum* (1910), Museum of Modern Art, New York – Wikipedia | S. 5+44: **Vincent van Gogh** *Die Sternennacht* (1889), Museum of Modern Art, New York – Wikipedia | S. 46: **Klausbernd Vollmar** *Die Mischung von Komplementärfarben* | S. 50: **Klausbernd Vollmar** *Das Schwungrad der Komplementärfarben* | S. 51: **Klausbernd Vollmar** *Die Mischung aller vorliegenden Farben mit Buntstiften* | S. 52: **Paul Cézanne** *Mardi Gras – Pierrot und Harlekin* (1888), Puschkin-Museum, Moskau – Wikipedia | S. 57: **Georges Seurat** *Der Eiffelturm* (1889), Fine Arts Museum, San Francisco – Wikipedia | S. 5+58: **Georges Seurat** *Der Zirkus* (1891), Musée d'Orsay, Paris – Wikipedia | S. 62: **Josef Albers** *Huldigung an das Quadrat* (1962) – akg-images, © Josef Albers / VG Bild-Kunst | S. 64: **Jan van Eyck** *Adam und Eva*, Ausschnitte aus dem Genter Altar (1432), Kathedrale St. Bavo, Gent – Wikipedia | S. 66: **Moni Obser** *Farbenkreis nach Steiner* | S. 69: **Gottlieb Schick** *Frau von Cotta* (1802), Staatsgalerie Stuttgart – Wikipedia | S. 5+71: **Peter Paul Rubens** *Merkur* (1636–38), Museo del Prado, Madrid | S. 73: **Matthias Grünewald** *Auferstehung Christi* (um 1513/15), Teil des Isenheimer Altars, Musée d'Unterlinden, Colmar – Wikipedia | S. 5+74: **Gebrüder Limburg / Jean Colombe** *Stundenbuch des Duc de Berry, Kalenderblatt für Januar*, 15. Jahrhundert – Wikipedia | S. 75: **Fra Angelico** *Maria Verkündigung* (ca. 1426), Museo del Prado, Madrid | S. 76: **Gebrüder Limburg / Jean Colombe** *Stundenbuch des Duc de Berry, Die Taufe des Jesus von Nazareth durch Johannes den Täufer*, spätes 15. Jahrhundert – Wikipedia | S. 77: **Piero della Francesca** *Madonna mit Kind und Heiligen* (1472–74), Pinacoteca di Brera, Mailand – Wikipedia | S. 78: **Klausbernd Vollmar** *Farbenwoge* | S. 80 : **Henri Matisse** *Lebensfreude* (1905), The Barnes Foundation, Merion, Pennsylvania – akg-images, © Henri Matisse / VG Bild-Kunst | S. 84: **Moni Obser** *Der rationale zwölfteilige Farbenkreis* | S. 88: **Moni Obser** *Studie nach Wassily Kandinsky* | S. 89: **Klausbernd Vollmar** *Fenster des Bauhauses Dessau* | S. 90: **Marc Chagall** *Die Geschichte vom Ebenholzpferd (3)*, 1948 – akg-images, © Marc Chagall / VG Bild-Kunst | S. 94: **Moni Obser** *Studie nach Paul Klee* | S. 98: **Arnold Böcklin** *Liebespaar vor Buschwerk* (1866), Kunsthaus, Zürich – Wikipedia | S. 99: **Moni Obser** *Studie nach Howard Hodgkin* | S. 136 bis 143: **Firma Schmincke**, Düsseldorf *Farbbeispiele, gestrichen* (Produkt Horadam Aquarell) |

Literatur

ALBERS, JOSEF: *Interaction of Color.* Köln 1970

ALBRECHT, HANS JOACHIM: *Farbe als Sprache.* Köln 1976

ALMACK, M.R.: *Quantitative Studie of Chromatic Adaption.*
O.O., 1928

ARNHEIM, RUDOLF: *Kunst und Sehen.* Köln 1978

MARCO BISCHOF: *Biophotonen. Das Licht in unseren Zellen.*
Frankfurt 1995

BLEYS, OLIVER: *Die Blaufärber* (Roman). München 2003

BOMFORD, D., ROY. A.: *Color.* 2000

BRACHERT, THOMAS: *Lexikon historischer Maltechniken.*
München 2000

BOESNER (HG.): *Kataloge.* Witten ab 2006

CROOK, J., LEARNER, T.: *The Impact of Modern Paints.* 2000

DA VINCI, LEONARDO: *Traktat von der Malerei.* (Jena 1925)
Nachdruck Köln 1989

DOEGE-SCHELLINGER, B.: *Faszination Farbe.* Wiesbaden 2005

DOERNER, MAX: *Malmaterial.* Stuttgart 2007
– : *The Material of the Artists and their use
in Painting with Notes of their Techniques of the
Old Masters.* London 1984

EASTLAKE, CHARLES LOCKE: *Methods and Materials of Painting of
the Great Schools and Masters.* New York, London 1960

EIBL-EIBESFELD, I., SÜTTERLIN, C.: *Weltsprache Kunst.* Wien 2007

FABER, STEPHANIE: *Mein Farbenbuch.* München 1987

FELLER, R.L., ROY, A. ET AL.: *Artists Pigments: A Handbook of
their History and Characteristics.* 3 Bände, Cambridge
1997/1998

FRANZ, ERICH (HG.): *Farben des Lichts.* Münster 1996

FRIELING, HEINRICH: *Mensch und Farbe.* München 1988
– : *Farbe im Raum.* München 1974
– : *Gesetze der Farben.* Göttingen 1968
– : *Praktische Farbenlehre.* München 1956

GAGE, JOHN: *Die Sprache der Farben.* Ravensburg 1999
– : *Kulturgeschichte der Farbe.* Ravensburg 1994

GEKELER, HANS: *Handbuch der Farbe.* Köln 2005

GOETHE, JOHANN WOLFGANG VON: *Farbenlehre.* Mit Einleitung
und Kommentar von RUDOLF STEINER. Hrsg. v. Gerhard Ott
und Heinrich O. Proskauer, ungekürzte Ausgabe,
Stuttgart 1984 (dreibändige Ausgabe)

GROB, WALTER OSKAR: *Farbenlehre für Malende.* Zürich 1972

HEBBORN, ERIC: *Kunstfälschers Handbuch.* Köln 1997

HEISS, R. & HALDER, P.: *Der Farbpyramidentest.* Stuttgart 1975

HULLMAYR, GERHARD: *Aquarellmalerei.* Wiesbaden 1992

HUNKEL, KARIN: *Die Kraft der Farbe.* München 1996

ITTEN, JOHANNES: *Kunst der Farbe.* Ravensburg 1987

JONAS, D., HOPPE, TH.: *Handbuch Ölmalerei.* Stuttgart 2006

KANDINSKY, WASSILY: *Über das Geistige in der Kunst.*
München 1912

KÜPPERS, HARALD: *Schnellkurs Farbenlehre.* Köln 2005
– : *Die Logik der Farbe.* München, überarbeitete und
ergänzte Ausgabe 1981

LAUFFER, O.: *Farbensymbolik im deutschen Volksgebrauch.*
Hamburg 1948

LÜSCHER, MAX: *Der Lüscher-Test.* Reinbek 1971

MAFLIN, ANDREA: *Gestalten mit Farbe.* München 2002

PAWLIK, JOHANNES: *Theorie der Farbe.* Köln 1969

PISANI, P., RADTKE, S., WOLTERS, W.: *Handbuch Visuelle Medien-
gestaltung.* Hamburg 2006

POLING, CLARK V.: *Kandinsky-Unterricht am Bauhaus.*
Weingarten 1982

RUNGE, PHILIP OTTO: *Die Farbenkugel und andere Schriften zur
Farbenlehre.* Stuttgart 1959

SEITZ, FRITZ: *Das Bewusstwerden der Farben.*
In: STANKOWSKI, A./DUSCHEK, K. (HG.): *Visuelle Kommunikation.* Berlin 1989, S. 142 – 176

SIDAWAY, IAN: *Handbuch der Farbenmischtechniken.* Igling
2007

SILVESTRINI, NARCISSO; FISCHER, ERNST P.: *Farbsysteme in Kunst und
Wissenschaft.* Köln 2002

STARKER, ANNA: *Enzyklopädie Wohnen mit Farbe.* Köln 2005

STEINER; R.: *Das Wesen der Farben.* Dornach 1980

STROMER, K. & FISCHER, E.P.: *Die Natur der Farbe.* Köln 2006

THEROUX, ALEXANDER: *Primary Colors. Three Essays.* New York
2000

THEROUX, ALEXANDER: *Secondary Colors. Three Essays.* New York
2000

VOGT, HANS-HEINRICH: *Farben in ihrer Geschichte.* Stuttgart
1973

VOLLMAR, KLAUSBERND: *Das große Handbuch der Farben.*
Krummwisch/Kiel 2008
– : *Das kleine Buch der Farben.* Krummwisch/Kiel 2008
– : *Die Sprache und Macht der Farben.* Witten 2007
– : *Das Geheimnis der Farbe Schwarz.* Bern 2000
(vergriffen, über mail@kbvollmar.de zu beziehen)
– : *Das Geheimnis der Farbe Weiss.* Bern 2000 (vergriffen,
über mail@kbvollmar.de zu beziehen)
– : *Das Geheimnis der Farbe Rot.* Freiburg 1999
(vergriffen, über mail@kbvollmar.de zu beziehen)
– : *Farben – ihre natürliche Heilkraft.* München 1999
(vergriffen, über mail@kbvollmar.de zu beziehen)

WEHLTE, KURT: *Werkstoffe und Techniken der Malerei.*
Ravensburg 2006

WELSCH, NORBERT; CLAUS CHRISTIAN LIEBMANN: *Farben.* Heidelberg
2004

WITTGENSTEIN, LUDWIG: *Bemerkungen über die Farbe.* Oxford
1978

WITTKE, KARSTEN: *Experimentieren mit Pigmenten.* Neuhausen
2004

ZOLLINGER, H.: *Color Chemistry.* 1991

Im Internet finden Sie differenzierte Informationen zur Farbe auf folgenden Seiten:
www.filmscanner.info/Farbmodelle.html
www.gris.uni-tuebingen.de/projects/vis/coursebook/visualization/perception/color
www.kfki.hu/~arthp/html/p/piero/francesc/index.html
www.angelfire.com/dc/stilkunde/mittelalter_glasmalerei.html > zu gotischen Glasfenstern

Die sechs bunten Farben im Überblick

Die angeführten Farbbeispiele sollen Ihnen eine Vorstellung der unterschiedlichen Farbtöne und eine Hilfe beim Kauf von Farben geben. Wir haben teilweise die Farbbezeichnungen der Firma Schmincke und der Firma Caran d´Ache übernommen und teilweise die Farben selbst am Computer gemischt.

Blau

Das Farbspektrum von Blau reicht von Türkis bis Blauviolett. Leonardo da Vinci sah Blau als die höchste aller Farben an, da sie die Farbe des Himmels ist.

Reines Blau wird auch so genannt:

Heliocoelin – reines Blau mittlerer ⊳ Sättigung, eignet sich für Mischungen

Bergblau/Azurit – ähnlich wie Ätherblau, eine harmonische Farbe. Bei Zumischung von Weiß ergibt sich ein für die Farbe des Himmels geeignetes Blau

Kobaltblau hell – ein echtes, reines Blau

IKB (Yves Klein Blue©) – ein speziell leuchtendes Blau

Dem reinen Blau kommen folgende Blautöne nahe:

Manganblau – ein preisgünstiges, mittelblaues Pigment

Bavaria Blue – Bayrisch Blau, ein mittleres Blau

Coelinblau – eine harmonische Farbe, die auch Himmelblau genannt wird und einen geringen Gelbanteil aufweist, kommt Cyan nahe

Kobaltblau – das klassisch mittlere Blau, das als Künstlerfarbe leicht erhältlich ist. In der klassischen Aquarellmalerei wird empfohlen, mit Kobaltblau und Karmin, die man beide abdunkelt, Mondlichtatmosphären zu gestalten. Ein reines Kobaltblau zeigt die untere Hälfte einer Kerzenflamme.

Kornblumenblau – ein gesättigtes, mittleres Blau, dem Kobaltblau ähnlich

Delfter Blau – der Blauton der Porzellanglasur, auch »Dutch Blue« genannt

Blau mit Rot-Einmischungen

ein etwas wärmer wirkendes Blau. Ab 50 Prozent Rotanteil spricht man von Violett

Ultramarin finest – ein tiefes, dunkles Blau, Basiston für Violettmischungen

Ultramarinblau – Künstlerfarbe, die ein sattes, stumpfes Blau erzeugt. Ein besonders harmonischer Ton ist »Französisch Ultramarin« (Winsor & Newton). Alle Farbtöne von Ultramarin sind etwas dunkler als Kobaltblau

Königsblau – sehr tiefes Blau, beliebte Tintenfarbe, die auch »Tintenblau« genannt wird

	Veilchenblau	– tendiert zum Violett hin
	Zwetschge	– dunkles Blau mit Tendenz zum Violett
	Indigo	– Blauviolett mit häufig einem leichten dunkelgrauen Schleier. Es ist schwer vermalbar, da es leicht zu dunkel und massiv wirkt.
	Paynesgrau/ Gewitterblau	– neben Rot ist Schwarz in das Blau eingemischt

Blau mit Gelb-Einmischungen

ein grünlich wirkendes Blau an der Grenze zum Türkis.

	Oceanblue	– ein helleres Meerblau
	Meerblau	– ein Blau mit Grünstich, Übergang zum Türkis
	Phthaloblau	– traditioneller dunkler, grünstichiger Blauton, ergibt mit Gelbbeimischungen besonders leuchtende Grüntöne
	Kobalttürkis	– nach Rudolf Steiner ist Türkis die Farbe, die dem Licht am nächsten steht und dennoch am kältesten ist
	Heliotürkis	– gelbstichiges Hellblau
	Pariser Blau	– traditioneller Blauton
	Preußischblau	– auch »Berliner Blau« genanntes dunkles Blau mit Grünstich. Gemischt mit Gelb wird diese Farbe zur Herstellung gefälliger Grüntöne benutzt. Preußischblau ist eine Farbe, die in der Natur fast nie vorkommt. Preisgünstig als Künstlerfarbe erhältlich
	Preußischgrün	– ursprünglich eine Mischung aus Preußischblau und Gelblack
	Bremerblau	– ein tiefer Blauton, der als Konkurrenz zum Berlinerblau entwickelt wurde

GELB

Reines Gelb liegt etwa zwischen Gummigutt (Gamboge) und Saftgrün. Es besitzt die beste Fernwirkung unter allen Farben, das heißt, es ist auf große Entfernungen noch als gelb zu erkennen und lässt dabei gelbe Gegenstände größer erscheinen.

Es wird auch so genannt:

	**Titangelb**	– halbdeckendes, helles, reines Gelb für zarte Kolorierungen
	Aureolin	– ein reines, ungiftiges Gelb
	Reingelb / Echtgelb	– als Aquarellfarbe erhältlich
	Roy-Lichtenstein-Gelb	– das Gelb der Comics
	Urgelb	

Diesem reinen Gelb kommen folgende Gelbtöne nahe:

Ginstergelb	– ist mit und ohne Rot-Einmischung im Handel
Kadmiumgelb Zitrone	– (zum Beispiel von Schmincke oder Winsor & Newton) ist die ideale rein gelbe Aquarellfarbe
Bleigelb	– vor Einführung der chemischen Farben war es nur mit dem giftigen Bleigelb möglich, ein reines Gelb herzustellen
Chromgelb	– löste das Bleigelb ab
Chinagelb	– leuchtendes Gelb mit geringer Rot-Einmischung
Sandgelb	– eine Farbe am Übergang zum hellen Braun

Gelb mit Rot-Einmischungen

Ein warm wirkendes Gelb. Bei unter fünfzig Prozent Rotanteil wird der Farbton den Gelbtönen zugeordnet. Die einzelnen Farbtöne können nur subjektiv von einander unterschieden werden.

Eine Tendenz zu diesen Farbton liegt bei den folgenden Farben vor:

Kadmiumgelb/ Brillantgelb	– löste zusammen mit Chromgelb das Bleigelb ab. Als Aquarellfarbe »Kadmiumgelb hell« als ein harmonisches warmes Gelb erhältlich
Jaune brillant tief	– traditioneller Farbton aus anorganischen Pigmenten
Kadmiumgelb mittel	– brillantes, kräftiges und sonniges Gelb
Gummigutt	– auch »Gamboge« genannt, ist eine ins Orange spielende, beliebte Künstlerfarbe, die je »gelber« wirkt, desto dünner sie aufgetragen wird
Senf	– tendiert zum Braun hin
Honiggelb	– tendiert zum Orange hin
Indischgelb	– ein warmes, harmonisches Gelb, ähnlich harmonische Farbe wie Kadmiumgelb, aber mit leicht größerem Rotanteil. Es ist als Aquarellfarbe erhältlich
Dottergelb	– tendiert zum Orange hin
Ocker	– gelbbraun. In den meisten Ockertönen sind Rot- und geringe Blau-Einmischungen vorhanden. Heute werden Ockertöne standardisiert hergestellt. Es gibt Farbkarten der Hersteller zu ihren Ockertönen
Safran	– ein warmes helles Gelb
Zimt	– ein bräunliches Gelb

Gelb mit Blau-Einmischungen

Ein kalt wirkendes Gelb. Bei unter fünfzig Prozent Blauanteil kann der Farbton den Gelbtönen zugeordnet werden, allerdings rechnen wir ihn umgangssprachlich eher zu den Grüntönen wie zum Beispiel Lindgrün als Bezeichnung für Gelbgrün. Das bedeutet, die Farbreichweite von Gelb zur rechten, kalten Seite des Spektrums hin ist äußerst gering.

Die einzelnen Farbtöne können nur subjektiv von einander unterschieden werden.

Zitronengelb – jedes Gelb mit geringer Blaueinmischung. Als Aquarellfarbe (zum Beispiel Schmincke, Winsor & Newton) ein schwer zu beherrschendes Gelb, da es die Tendenz hat, je nach Auftrag schnell in eine schmutzige Farbe umzuschlagen

Vanadiumgelb – gut mischbare Farbe, leicht grünstichig

Limone – etwa wie Zitronengelb, jedoch mit deutlichem Blau-Anteil

Gallegelb – ein aggressives Gelbgrün, das auch »Giftgelb« genannt wird

Gelbolive – hier ist neben Blau ein wenig Rot eingemischt

Gelbgrün – transparentes, sehr grünstichiges Gelb

Gelb mit Goldtönungen

Der Farbe Umbra kann man bei geschicktem Farbauftrag und eventuell mit feinen Orangeeinmischungen eine feine Goldtönung verleihen.

Titangoldocker – Gelbbraun mit leichtem Goldschimmer

ROT

Das Spektrum von Rot zieht sich von Krapplack (zum Beispiel »Krapplack Rosa echt« von Winsor & Newton) bis Zinnober (zum Beispiel »Scharlach-Zinnober« von Winsor & Newton) hin.

Neben Schwarz gehört Rot zu einer der ältesten Malfarben, die bereits vor über 4000 Jahren in Sumer belegt ist. Die Sumerer benutzten ein aus Bleimennigen bestehendes Rotpigment. Im Altertum wurde dann Zinnober als Rotpigment beliebt, das noch heute weit verbreitet ist und aus Quecksilber und Schwefel hergestellt wird.

Reines Rot wird auch so genannt:

Magenta – ein leuchtendes Rot, das Magenta entspricht

Brillant Purpur – ein leuchtendes Rot, das dem Magenta nahekommt

Krapp – lange Zeit das vorherrschende Rot, das den typischen Eindruck vom Rot prägte. Krapp wie Krapplack sind keine prismatischen Farben

Kadmiumrot – Künstlerfarbe, ein harmonisches Rot

Kirschrot – ein gut deckendes mittleres Rot

Bugattirot – mittleres Rot, Modefarbe

Mohnrot – ein leuchtendes, warmes Rot, das sich gut mischen lässt

Mennig – von Lat. »minium« für »Zinnober« – wie Zinnober ein leuchtend roter Farbton. Es ist ein Bleioxid, das auch als Korrosionsschutz benutzt wird

Permanentrot – eine Idee heller als Kadmiumrot

 **Zinnober/Vermillion** — unter anderem eine Aquarellfarbe (besonders harmonischer Ton von Winsor & Newton), die nah an Scharlach liegt. Mit Zinnober lässt sich leicht malen, da es eine lockere und helle Farbe ist. Allerdings besitzt das chemisch hergestellte Quecksilberoxid-Zinnober nicht diese günstigen Maleigenschaften. Es deckt stark und ist schwer. Matthias Grünewald benutzte dieses Rot, das heute wieder hergestellt wird.

Rot mit Gelbeinmischungen

Ein warm wirkendes Rot. Die einzelnen Farbtöne können nur subjektiv von einander unterschieden werden.

Eine Tendenz zu diesen Farbtönen liegt bei den folgenden Farben vor:

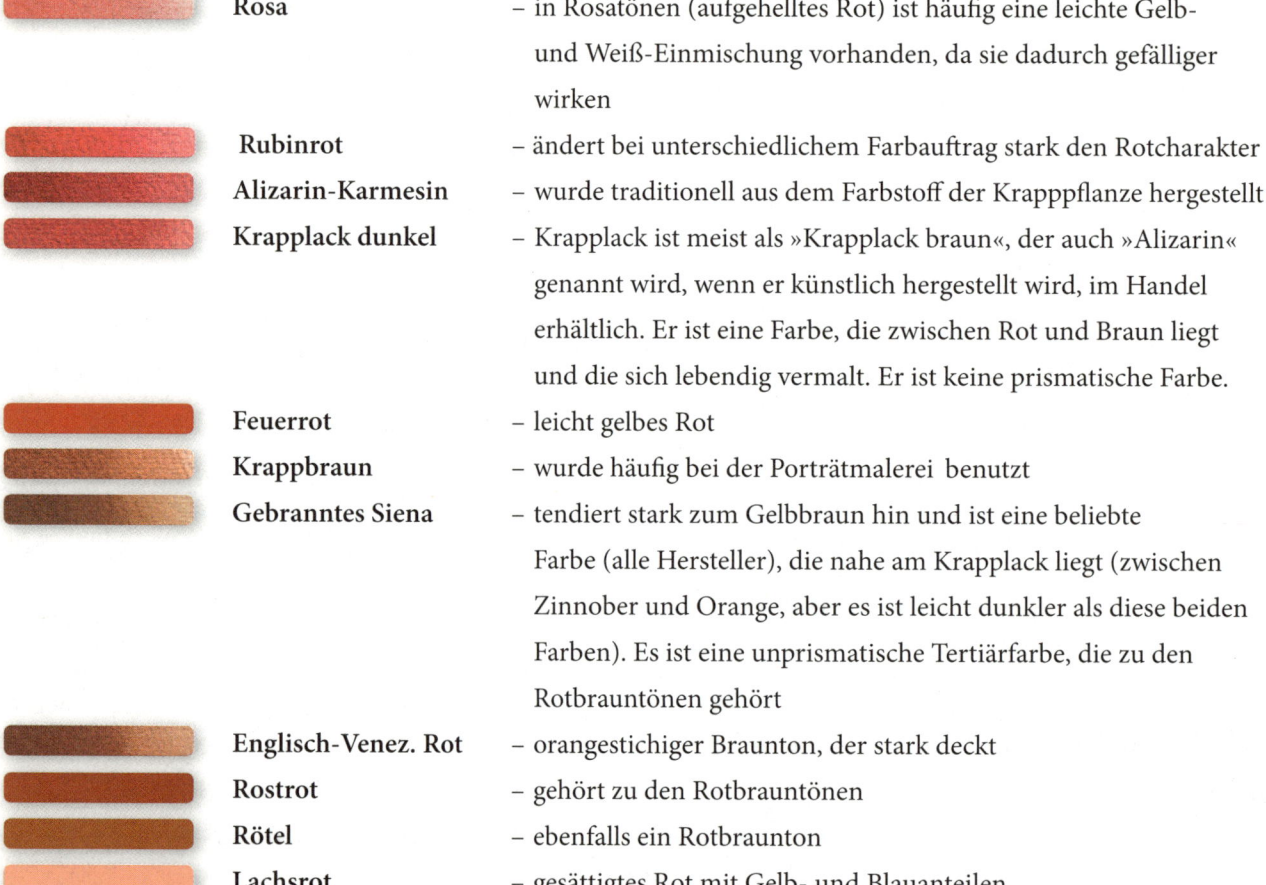

Rosa — in Rosatönen (aufgehelltes Rot) ist häufig eine leichte Gelb- und Weiß-Einmischung vorhanden, da sie dadurch gefälliger wirken

Rubinrot — ändert bei unterschiedlichem Farbauftrag stark den Rotcharakter

Alizarin-Karmesin — wurde traditionell aus dem Farbstoff der Krapppflanze hergestellt

Krapplack dunkel — Krapplack ist meist als »Krapplack braun«, der auch »Alizarin« genannt wird, wenn er künstlich hergestellt wird, im Handel erhältlich. Er ist eine Farbe, die zwischen Rot und Braun liegt und die sich lebendig vermalt. Er ist keine prismatische Farbe.

Feuerrot — leicht gelbes Rot

Krappbraun — wurde häufig bei der Porträtmalerei benutzt

Gebranntes Siena — tendiert stark zum Gelbbraun hin und ist eine beliebte Farbe (alle Hersteller), die nahe am Krapplack liegt (zwischen Zinnober und Orange, aber es ist leicht dunkler als diese beiden Farben). Es ist eine unprismatische Tertiärfarbe, die zu den Rotbrauntönen gehört

Englisch-Venez. Rot — orangestichiger Braunton, der stark deckt

Rostrot — gehört zu den Rotbrauntönen

Rötel — ebenfalls ein Rotbraunton

Lachsrot — gesättigtes Rot mit Gelb- und Blauanteilen

Rot mit Blau-Einmischungen

Ein kalt wirkendes Rot. Bei unter fünfzig Prozent Blauanteil wird der Farbton den Rottönen zugeordnet. Die einzelnen Farbtöne können nur subjektiv von einander unterschieden werden.

Eine Tendenz zu diesem Farbton liegt bei den folgenden Farben vor:

Karmin — Farbstift und Aquarellfarbe mit nur leichten Blaueinmischungen, die sich besonders beim dünnen Farbauftrag zeigen

	Scharlachrot	– leicht kaltes Rot, es ist wärmer als Karmin, aber kälter als Zinnober. Die Blaueinmischungen zeigen sich deutlicher beim dünnen Farbauftrag. Ursprünglich stammt der Ausdruck »Scharlach« von feinem Wollstoff, der mit Purpur gefärbt worden war.
	Tiefrot	– kräftiges, bläuliches Rot
	Purpur	– Violettrot oder Magenta, ein kaltes Rot, das es in vielen Schattierungen gibt wie zum Beispiel »Brillant Purpel« von Winsor & Newton und anderen Farbherstellern, Purpur ist schwer zu vermalen, da es leicht zu dicht wird
	Hochrot	– anderer Ausdruck für Purpur, der in der Goethezeit gebräuchlich war
	Bordeaux	– Tiefes, gesättigtes Rot mit Tendenz zum Violett

Grün

Reines Grün besteht zur Hälfte aus Gelb und Blau.

Folgende Bezeichnungen sind für reine Grüntöne gebräuchlich:

	Reines Grün	– ein Grün der gleichen Menge Cyan und Yellow
	Chromgrün	– auch als Chromoxidgrün erhältliche Aquarellfarbe, die sich im Gleichgewicht zwischen Gelb und Blau befindet, aber kalt wirkt
	Phthalogrün	– harmonische Farbe für ein kaltes Grün
	Heliogrün	– harmonische Farbe, wärmer als Phthalogrün
	Kadmiumgrün	– eine preisgünstige Künstlerfarbe
	Kobaltgrün rein	– Gleichgewicht zwischen Gelb und Blau, wirkt warm
	Hookersgrün	– seit Mitte des 18. Jahrhunderts in der Aquarellmalerei verwendet

Grün mit Gelb-Einmischung:

	Jade	– sehr unbestimmte, aber gebräuchliche Farbbezeichnung
	Maigrün	– viel Gelb im Grün, wird auch »Birkengrün« oder »Lindgrün« genannt
	Saftgrün	– als »Sap Green« zum Beispiel von Winsor & Newton ein relativ reines Grün, das als Aquarell- und Ölfarbe hergestellt wird, nur bei Aufhellung der Farbe werden die leichten Gelbanteile erahnbar
	Chromoxidgrün	– stumpfgrüner Ton, der sich besonders für die Landschaftsmalerei eignet
	Grüne Erde	– transparenter Grünton, der sich besonders zur Abschwächung von Hauttönen eignet
	Olivgrün gelblich	– traditioneller Grünton, der viel in der Landschaftsmalerei benutzt wird
	Moosgrün	– gelbliches, dunkles Grün

Grün mit Blau-Einmischungen (gibt es oft auch in stumpfen Farbtönen):

	Kobalttürkis	– brillantes, deckendes Türkis
	Kobaltgrün Türkis	– lichtechtes, grünstichiges Türkis
	Zinnobergrün	– kaltes Blaugrün
	Hellmalachitgrün	– stark blausichiger heller Grünton, der sich als Grundfarbe zum Malen von Wasserflächen eignet

Orange

Die Farbe zieht sich von Scharlach-Zinnober bis kurz vor Gummigutt hin. Ein reines Orange besteht aus gleichen Anteilen von Gelb und Rot.

Ihm entsprechen folgende Farben:

	Orange	– aus 100 Prozent Yellow und 50 Prozent Magenta
	Kadmiumorange hell	– als Künstlerfarbe erhältlich, die einen feinen warmen Ton besitzt und leicht vermalbar und mischbar ist
	Chromorange	– eine stark deckende Farbe
	Kadmiumorange dunkel	– brillanter, kräftiger und gut mischbarer Farbton

Orange mit Gelb-Einmischung

	Apricot	– weißgebrochen oder stark aufgehellt zwischen Rosa und Orange
	Indischgelb	– ein sehr harmonische Aquarellfarbe für helles Orange
	Lichter Ocker	– ein Orangebraun, das sich gut für die Landschaftsmalerei eignet

Orange mit Rot-Einmischung

	Rotorange	– eine Farbe, die genau zwischen einem mittleren Rot und einem mittleren Orange liegen sollte
	Karottenrot	– ein Farbton von Rotorange mit etwas weniger Rot

Violett

Violett breitet sich zwischen Indigo und Brillant Purpur aus. Es wird häufig als Farbe der Blüten der Iris beschrieben. Es mischt sich aus Blau und Rot.

Reines Violett ist auch unter folgenden Bezeichnungen bekannt:

	Brillant Purpur	– harmonische Aquarellfarbe, die nicht ermischbar ist, aber vorsichtig aufgetragen werden muss, da sie sonst zu schwer wirkt
	Brillant Rotviolett	– eine ebenfalls reine Farbe, die nicht ermischbar ist
	Brillant Blauviolett	– ebenfalls nicht ermischbar, da besonders rein
	Mauve	– ist immer wieder als Modefarbe beliebt
	Amethyst	– durchsichtiger (lasierender) Violettton mit geringer Sättigung

	Echtlila	– Lila wird oft in der Bedeutung von »Violett« gebraucht. Es ist ein aufgehelltes Violett, das auch als »Kobaltviolett« im Handel ist
	Echtviolett	– harmonische Farbe mittlerer Sättigung, die als Aquarellfarbe in Töpfchen und Tuben erhältlich und leicht handhabbar ist

Violett mit Blaueinmischungen:

	Aubergine	– ein Farbton, der erst im 20. Jahrhundert in größerem Maße gebraucht wurde
	Blauviolett	– dunkler Violett-Ton, der schwer zu vermischen ist, da stark deckend
	Dunkelviolett	– der dunkelste Farbton des Spektrums
	Indigo	– tiefes Blauviolett
	Ultramarinviolett	– harmonische Künstlerfarbe
	Veilchenblau	– tiefes Blauviolett, oft wie Indigo

Violett mit Roteinmischungen:

	Chinacridonviolett	– Rotviolett-Ton
	Manganviolett	– lichtfester, zarter Rotviolett-Ton

Empfehlungen für besonders gut zum Mischen geeignete Farben

Blau
Kobaltblau 160 – Stift, Caran d'Ache
Ultramarin feinst 494 – Aquarellfarbe, Schmincke

Gelb
Zitronengelb 240 – Stift, Caran d'Ache
Kadmiumgelb mittel 225, Kadmiumgelb zitron 223 (besonders für das Ermischen von Grüntönen) – Aquarellfarben, Schmincke

Rot
Karmin 080, Scharlachrot 070 – Stifte, Caran d'Ache
Kadmiumrot mittel 347, Scharlachrot 363 – Aquarellfarben, Schmincke

Grün
Grasgrün 220 – Stift, Caran d'Ache
Grünoliv 515 – Aquarellfarbe, Schmincke

Orange
Orange 030, Kadmiumorange 532 – Stifte, Caran d'Ache
Kadmiumorange dunkel 228 – Aquarellfarbe, Schmincke

Violett
Violett 120 – Stift, Caran d'Ache
Brillant Rotviolett 940, Brillant Blauviolett 910 – Aquarellfarben, Schmincke

Zum Autor

Klausbernd Vollmar, Diplompsychologe und Autor, wurde 1946 vor den Toren Kölns geboren. Abgeschlossenes Studium der Germanistik, Linguistik, Philosophie und Geowissenschaften, Lektor des Goethe-Instituts in Finnland, Forschungsstipendiat des Canada Council und Lehrauftrag an der McGill University/Montreal. Zweitstudium der Psychologie. Leiter eines Therapiezentrums in Amsterdam, längere Aufenthalte in Findhorn und Nepal. Schüler von Freifrau Dr. Olga von Ungern-Sternberg und dem Schamanen Black Horse Chavers, langjähriges Mitglied einer englischen Gurdjieff-Gruppe. Mitbegründer der Internetfirma TraumOnline (www.traumonline.de), die umfangreich über das Thema Symbolik informiert und Beratungen & Seminare in diesem Bereich anbietet.

Er lebt in England und hält seit Jahren Seminare & Vorträge. Er führt Einzelberatungen durch, leitet Gruppen und spielt manchmal Hausherr eines Salons, wenn er nicht gerade das Spiel von Licht und Wellen auf See genießt.

Seine Bücher sind in mehr als fünfzehn Sprachen übersetzt. Er ist im Radio zu hören und im Fernsehen zu sehen. Er veröffentlichte viele Bücher zur Farbe (siehe Literaturverzeichnis), schrieb das Buch zu einem Fernsehfilm und Video zur Farbe Rot, das u.a. in der Ausstellung »Rot in der russischen Kunst« ständig lief und ist bekannt für seine Vorträge über Schwarz und Weiß in der zeitgenössischen Kunst und Werbung.

Seminarhinweis

Wer Interesse an Vorträgen, Workshops und (Ferien-) Kursen in Kleingruppen oder an Einzelberatung in deutscher Sprache hat, der wendet sich bitte an:

Klausbernd Vollmar
Rhu-Sila
Cley next the Sea
Holt/Norfolk NR 25 7UD
England
0044 12 63 74 03 04
mail@kbvollmar.de
www.kbvollmar.de
www.traumonline.eu